メレイライヲン一代記を読む

川上律子・杉村みどり編著

まえがき

メレイ・ライオン（Mary Lyon）は、一七九七年に生まれ、一八四九年、五二歳で亡くなりますが、早くに父を亡くし苦学して教師となり、同様の環境にいる女性たちに教師・宣教師としての独立の道を備えるべく努力して、アメリカ合衆国で最も歴史のある女子大学マウント・ホリオーク・カレッジ（Mount Holyoke College）を創設した人物で、一八五八年にアメリカ・トラクト協会から『ライオン伝』が出版されています。この本は、神戸女学院の礎となる「神戸ホーム」を始めたアメリカン・ボード派遣宣教師ジュリア・ダッドレーによって一八八三（明治一六）年に『メレイライヲン一代記』と題する日本語の抄訳本として出版されました。

抄訳者ダッドレーに学んだ卒業生は彼女のことを、明るく快活で、早口で冗談ばかり言って笑うと語っています。きっと創意工夫に溢れる人物だったのでしょう。キリスト教児童文学の翻訳などを通して女性や子どもたちにキリストの心を伝えようと、「書くこと」を彼女はもう一つの仕事とし、その産物のひとつが『メレイライヲン一代記』です。

本書の冒頭に掲載した『メレイライヲン一代記』原本は、旧漢字と変体仮名で綴られており、今の私達にはまるで古文書のように読みにくいものですので、現代語意訳を試みました。ゆっくり丁寧に読み解くにつれ、メレイ・ライオンを軸にダッドレーとそれを取り巻く人々の鼓動が聞こえてくるようです。近代日本の地平のさまざまなところに蒔かれた第一世代の日本人キリスト者の高く掲げた志は小さな種ながらも大地に萌えいで、根を張り、大きな枝を伸ばしました。

「東洋のメレイ・ライオン」と称されたマリア・ツルーはアメリカの宣教師事務局宛書簡で、日本に作られたキリスト教学校が、マウント・ホリヨークが生んだような「貴重な果実」を生むことを期待し、そうすればそれは「丘の上の町」「キャンドルの炎」になるかもしれませんと記しました。日本のキリスト教プロテスタント系のキリスト教学校は現在一〇〇法人を超えます。そこに集う生徒一人一人が光としてすべてのものを照らす働きを今もなお使命としているかが問われるのだと思います。

日本語への音声転写において、MARY LYONは、マリ・ライオン、メアリ・ライオン、マリー・リオン、メアリ・リオンなど表記されるので、本書ではLyonで統一しました。また『一代記』では原文通りにメレイライヲンとしました。

杉村みどり

目次

（カバーにある肖像画は一九八七年にアメリカで発行された二セント切手に描かれたLyon）

耶穌降世一千八百八十三年

大日本國
神戸印行

メレイライヲン一代記

明治十六年　米國遣傳宣教師事務局

マサチユセツ州ソーフハドレイ女學校

メレイライヲン氏の小傳

緒言

連城の璧も之を琢磨せざれば玲瓏たる美質を呈すとなく齊東の野人も知識を開達する時ハ靈妙の眞價を出すべしとハ既に三尺の童子もよく知ところの語なり凡そ人として誰か寸效微益なく空く光陰を徒し禽獸と伍を接るを快とするものならんや必ずしも多少の功績を奏して萬物の靈たる責任を尽ざるべからざされば こそいよし

へより俊才の士もみなよく奮勵して艱苦に耐へ
爭ふて有益の事業を起し或ハ造化の秘蘊を發見
し天下の人をしてその徳澤を浴らしめんといふ
となし志ゐして世にハ力行して事業を起すもの
夥多ありと雖もその謀るところを見れば概ね自
己の功利に赴き或ハ一身の榮譽を主として國家
のために公益を施んとする者ハ殆と稀なりこの
故にその業すところ往々中道にして倒れあるひ
ハ漸々衰滅に歸し多年の拮据も徒勞となりて身

二

を終るまで惆然として其志望を遂げ得ざる者ま
た鮮なからず古人いへることあり其義を正して
其利を謀らす其道を明にして其功を計らずと摠
じて人ハ何事をなすにも其業の大道に因らざる
ものはもとより其成功を期べからず即ち天に順
ふものハ榮ゆれどもこれに逆ふものは滅ぶべけ
ればなりそれ鑑みざるべけんや却説この書に題
すところのメレイライヰン氏ハ當初微賤の一女
子なれども多年の窮厄を忍び數多の辛酸を嘗め

遂に素志をつらぬき當時未曾有の疊字を起し未曾知の迷夢を破り爰にはしめて天下の婦女たるものをして固有の通義を暢達すべきことを得しめたりあゝこの人のごときハ實に近世の偉婦といはざるを得ず故に今その鴻績を摘鈔して世の有爲者に示すもし果して氏が精神のある所を認ることを得ば庶幾はその所業を補益することあらん

○

偖このメレイライヲン氏は紀元一千七百九十七年即ち今より八十余年前米利堅合衆國の東方なるマツサチユセスの鄙陬に生れし人なりけるが其性頴悟幼稚の時よりよく天道に遵ひ倫常を脩め加ふるに賢母の涵養その宜しきを得たりければいよ〳〵其身の光をあらはすことろハなりぬよりて今これを記録すにあたりて先づこの母の事情より筆をはじめんとす

目録

畢

第一

メレイライチンの母は神に恵まれしこと
並に其父は永眠につきし時の事情

そもメレイライチンの母は殊に器量ある人にしてよく神につかへ神の義き人を恵みたまふといへる應許とかたく信じ常も神に祈る毎にはその一族のものゝ同じく恩恵を受けんことを望み居たり然どもそれはじめ此母は處女たりしときは未だ神と信ぜる人にはあらざりきそれ頃かきし日記にしるせしことあれバ今そのあらましを茲に示しぬ一夜近邊の家にて説教ありしによりて親はよろこびて聴聞にゆきたりしかど我は神と信するの念あらざりしかバ此とき家に在りたるやゝありて親は歸宅しが頓てわきに告けるは今夕の説教によりて未だ神を去らざるものも大ひに感じて喜びさりしところの中にはなんぢの友

の某は殊更それ恵を得たり我もまた從來しばしば教は聞しかども今夕の如き感動は起らざりしとその事情を委しくわれに語りたりしが此の夜はじめてわが身に罪惡の滿ちたることを知り救主に頼らざれば他にわれを幸ひに導くものはあらじと深く感覺じければ試に神に對ひて祈りをなしたりけり然ども神はたゞ罪を斷する審判官の如くに思ひたれば未だこれに頼りて安心することを得ざりきさりながら救主は必われらを罪惡の中より救援るものなりと信じたればしばらく思ひをしづめ本心を以て情欲にむかひてわが心裏にはこれまで罪惡と剛愎を生ひそだてたれども今よりわれはこの根を斷てあらたに神に從んとて尋ねたりしに情欲はこれを聽入るべきありさまなくされば根を斷つことは尚世界を造るよりも困難ことなりと

いひ強くこれを拒ミたり是時ニあたり本心ハ未だ情欲を抑制すべきの力なく幾んど情欲のために壓服せられんとするの状ありけれハ本心大ニ恐れてまさ神を顧びあゝ神よ速くわれを憫ミ玉へわれ久しく聖旨ニ悖りたれバ斯く見棄玉ふも理りなれども仰ぎ願くハ速く己ニ克ちて彼れ悪き根を抜き去るべき力を與へたまへといふ然りとて俄ニ堅固の思ひを生ずるにもあらず甚だ危ふかりけれバ大ニ弱きを怖れたり然るニ神ハこの祈りをゆるしたまひけん今まで神に頼りて安心を得ざりしわれがいつしか心が變りてたゞ神ニあらざれバわが微弱を援くるものなしといよ〳〵神に頼り慕ふの念を起しけれバ爾來ハそれニ頼りて深く心ニ安きを得たりけり今その書を見るニ神も特ニ聖靈を彼ニ降して少時の間ニ誘導をなせしもまさメ

レイライチンのためにその備をなせしにあらざるを知らんや○偖爾來數年を經て十九歲になりけるときアロンライチン氏と婚してメレイライチンを生め里今まて夫婦の事情について委しく探ざれば詳に記すこと能はざれども共に神に熱信なるとこれが爲によき行らきをなせしにおゐては大にこれに富みたりといふ然る程に神はこの夫妻に數人の子と與へしがある時一人を己が許に歸らしめまもなくしてまた一人を與ふ是れをメレイライチンとすかくて夫婦睦じくあ里しこと十九年にしてアロンライチン病によりて永眠につきた里是時メレイライチン六歲な里しがその同胞は前後に八人あ里き○アロンライチンはその沒らんとする前一日より只聖書の要目を讀むと祈禱のほかは何事をも言はざりしといふ彼すでに永眠につき

ける時妻はその多くの子と己が側に坐しめ神に祈けるは今後も尚此等のものを慈しみたまへまた互に相愛することを得させたまへ聖旨にかなはゞわれにこの諸子を養育べきの方法をあたへたまへといひ萬事を神に托せて多の子と鞠養ことにつき煩慮ことをせざりけり去ながら爾來時としては是らの子をして盡く邪惡に誘惑れざるよう婺の身を以てこれを敎育ることは甚ど困難きことゝ思ひたりしと然ども此母は斯ることに心を奪らるゝほどの人はあらざりければ日々怠らず聖書を讀み專ら此敎によりて光陰を送りしかば險しき世途の旅路をもまた安らかに歩みたり○またアロンライヲンの終に臨ける時妻はむかひ我いま此世を去るとても外にまた憂ふべきことはなけれども只汝に對して久しく夫たるの道を盡す能はざ之

のみ憂ひたりといひしに妻はその語に驚きそれこそ謝すべきことなりとて又これを詫ければ彼は頭を掉ふて汝は秋毫もこれに謝すべきなどもあらずといへり今この語を用ひてはある人のうちに夫婦の間はもとより一体なれば何ぞ互に謝辞を述る事をせんや斯の如きは却て親密の情に疎きなりといへんさきども決して然らず之によりて彼等の互に信實を以て旨としまた互によく其道を尽したると知るべきことなり

第二　メレイの母は山家に多の子を養育し時の事情

こゝに母子の居住せる家は風景幽深して人目を悦ばしむるれ絶佳境なれども瘠土れほきが故に收獲ものは其労と償ふことをえずかく困難なる處にありしかども母はよく身を勵し精神

を凝らして勞動を惜まざりければすこしも物に不足の虞はあらざりしといふたゞし其節儉なるほどは尋常の及ばざることなりそれ家族の衣服飲食などはことごとく其手に成らずといふことなし今其あらましといへば麻を培養て夏の衣物に充て綿羊を牧畜て冬の衣服を製へたりまたこれらの物を或は剝搗し或はさらし或は毛を斬み或は紡織等するに至るまでみな家の中にて其用を便して他人の手に委ぬるものとてはあらざりし又これらの物を染むるにも木葉果實を煮て種々の色をとりこれにて染めしものなれどその衣裳はおのづから美麗ならざりしかども多の子はみなこれをみて母の勞苦をおもひ容易くの物にあらざることを知りしかば決して粗惡のものとは思はざりき其他靴は家畜の皮をもちひ或は牛酪よりバタをこしらへ之

を賣りて必用の品に換へなどし又秋の來る時は菜蔬の類を貯藏ひて冬の備となしかくの如く百般のことによく心を用ゐて怠らざりしかバ宛がらエリヤの時の嫠の無尽る饘を得たるが如く生計には困せし狀態あらざりけり一日隣人の母の貧民を救助ひしといふことをきゝ不審げに問ひけるは汝は嫠婦の身にして且多の子を養育てながらなほ人々を惠むとは如何に難きことならずやといひしに母はその人にむかひいかにも汝のいへるが如し然れども人の滿足するとせざるとは只節儉するとせざるにあり凡そ人としてつとめて節儉をなす時は物に不足の患あることなしそれ神は萬物を人にあたへたれバ人はかならず之を受け得らるべき能あるものなり此ゆゑに人たるものは徒にこの賜を冗費し妄に毀棄して乏しき事に歎くべか

らずまゝ節儉と情慾を抑ゆるとハ賑恤の資なりしかし今汝にこれ等の行爲を人にしらるゝこと尤も耻ずべきことなりといひしとぞ偖この母ハ只に生計のことのみならず諸子を教訓つることに至りてもよく意をつくして怠らず朝な夕なに必ず其子とともに聖書をとりて神の事情をはじめ修身の事等懇にときゝかせ其方向をあやまらざる樣常に神にねがひければ多の子ハ品行たゞしく成長の後もみな善良信徒となりしとぞかくて此後數年をすぎてメレイライヲンハ十三歳になりける時母ハ長子に家事を委せて末子二人をつれ或る某の家に再醮せり此時メレイライヲンハ母に離別るゝことを大に愁ひかなしみたり然ども其繼父なるものハ至て仁愛ふかき人にして諸ての事甚だ懇切になし却て身の幸福となりければメレイライヲンも

聖書は神は鰥寡孤獨を殊に憐みたまふといへることを思ひいで大に感じてます／＼神恩の厚きを謝したりき偖また母の山家にありける時園にある種々の草木は其培養のゆき届きたるが故に數年のあいだ一本の枝だにも枯れしことなくよく生茂しめたりしが後來に至りて大なる結果を生ぜしめたりそれはメレイライチンの大學にありける時衆くの生徒を諄々訓迪してより父兄こぞりて其行ひに心を傾けしことに至るまで多くは摸範をこの母の田園の敎に取たるにあらざるといはざるを得ず當時メレイライチン生徒にかたりしことありしが母のわかかりし時は婦女子のためによき學校とてはなくまた書籍とても今の如く多くも備はらざりし然るにこれは未だ母は此如きに至らず願ふに女子たるものゝ第一の務は家を治ることなり之に

十

つひてハまた書をも讀まざるべからず去りし一巻の書も若し
要目を失なざれバ益を人ニ及すこと徒ニ數十巻の書とよみし
ニ優れりといへり之メレイライチンが學術の淺きニあらずそ
の博學なること母ニ比ぶれバ數等を超へたりしかどもそれ教
育法ニ至りてハ未だ母の高尚ニ及はざることを嘆しものなり

第三
メレイライチン母ニ別れし後より
其家の近邊ニ小さき塾を開たし迄の事情

メレイライチン母ハ、に分れし後ハ兄ニ事へてよく其道と盡せり
從來母と共ニありし時ハ別ニ兄のことをさのみ思ハざりしが
始めてその恩愛ニ感じ親の如く思ひよろこびけり此れ後二年
をすぎメレイライチン十五歳なりけるとき家事と擔當しこと
ニよりて月々ニ四圓の俸給と得たりしなれ僅の金なれどもおのが

勞事によりてはじめてその身に屬たる資なればおほによろこびて貴重の物のごとく思ひしといふこのころ兄は妻をむかへたりしがメレイライチンの款接宜しきをえたりければ暫らく同住せしかども一家の睦じきこといはんかたなしメレイライチン後日いひしことありおほよそ一家にあるものは互に睦び歡樂みてこの日を送るべきものなりまた家庭の風儀はそれ家族を方圓曲直する型摸の如し諸のこと皆これによりて形づくらるものなれば家族たるものは省み謹しく不德のことあるべからずもし一己の情慾に羈され互に信實を欠き相疑ひ相厭ひ互に怨をいだくことあれば一家の弊害は實にはかるべからず然ども人はみな情慾の中にありて動もすれば罪をおかしやすき者なれば苟且にも己に克つの念を忘るべからず總して婦人の

徳は一家の和順ならざることなく神もまたこれを恵みて幸福を與へざることなし斯の如く互に親昵み互に幸福を得てなほ天にある父の懐に入ることを得むこれに比すべき歓樂はあらずといへりメレイライヰン十七歳の時その家の傍に私塾を開きしことにより家をいで生徒の家々を轉移て日を送られけり之は當時アメリカのある所にては生徒たる者が授業料を納めずして數日教師をおのが家にまねきその寢食を賄ふの風ありければ之に擬らひしものなり此時メレイライヰンと五日づゝの輪番を設けてその家にいたるべく約束したりされどもある家にてはこれを困却とする如き情態ありと認るときは閣て他の家に移りたりそは彼が來ることを望むもの〻多くありしゆゑなりメレイライヰン生徒の家にある時はその家の事につきて歸

人のなすべき事はなにくれとなくこれを助けまた其家族の知らざることは懇に敎えて怠らざりしかば其到るところの家々に大なる稗益あるをよろこび或家にては續ひて己が家に逗留せんことを希ふにいたれり斯のごとくメレイライチンはたゞ生徒の爲のみならず一家の者にまで益を與ふることをなせども尚その志望を滿足せず常に敎育の足らざることを憂ひたりといふ○この後大學校にありける時生徒にいひしことに汝等他日業成し時もし學校にてはたらくことあらば其望のごとくならざるにより其志を挫くことなかれたゞ耐え忍べよ必ずその望は來る時あらん又俸給のために身を役さるゝなかれ主とする所はたゞ人の爲に益を施すべきなり何事も己が爲に行ふことは一時の利ありとも到底益となることなし然ども人の

爲に行ふことハ此世のみならず天に於てもまた大なる報ある
べし我今かくいふハ只學校にはたらくものゝみをいふにあら
ず縦令如何なる地位ありいかなる業をなすとも其の心を失ハ
ざる時ハ必ず望の如く成功を奏ることあらんまた教師たらん
と思はゞ諸のことまづ己が身にうけたかして後人に與へよ生
徒をして己が威容に畏服しむるなかれむしろ恩愛を以て悦服
しむべしと偖メレイライヲンはその母の教育宜しかりしが故
に漸々長ずるにいたりその習ひ性となりて長上に事るにもよ
く孝悌を盡してその命に從ひ神に事るにも篤信を以てその旨
に遵ひ少しも己が嗜慾を用ゐざりしかバ何事とあるにも潔く
また心に喜びと樂とをいだきてその身を役きたりといふ

第四　メレイライヲン中學校に入りて業を修しと

こゝにメレイライチンの二十歳なる時故郷を出て某の中學校に入りて業を修む是よりさきふるさとにありし時安息日にて會堂にゆきしがこの日老たる教師神の性質といふ題にて説教をなせしが既に終りて神に感謝祈禱をなし再び聽衆にむかひてわが愛する所の友よなんぢら斯るよろこばしき神を愛せずしてこれに從はざるは最もおそるべき事ならずやといひ頓て手をあげて神の惠イエスキリストの愛しみ聖靈のまじはり常に汝等と共にあれかしといふメレイライチンはこの日の説教に甚く感じつゝ家に歸るときにもその途中に人々の雜沓するを避け態と迂路して寂しき路をあゆみたりこの時つら〳〵幼少ときに父母が神に事へし状況或は諸子のために祈りをなしたりし事等と思ひ出し深く神の性質とさとり得て神は眞の已

が父なりと知りければ家に入りける時直に神を籲びあふ父よ願くは汝は今より己が嚮導者となり己が行爲を指揮しわれをして永遠なんぢとともにあらしめよといへりメレイライヲン此後十二年を經しときいひしことに我此日の感情を思ひ出せしなり一日の如しとそは從來あつき信仰ありしかどもこの時殊に神に親むことをえたるは舊汚き身は死して全く新靈の身に重生しことならんこれよりメレイライヲンは舊ふて其身を神の贊となし世の人のために勞事べの望を充分保ちたりといふ當時中學校にありといへどもその學資を他に仰がず學問のかたわら匠人の家に通ひその工を助けて若干の金を得りこれを以て學資とするが故に他のものに比ぶれば勉强の時間は半ばをかきたれども夜を日に精出して勵みし故常も同級の首に

ありしといふ斯るありさまなりければ當時は人もメレイライチンをあやしまざるものなかりけりある人彼は匠人にむかひていぶかしげにとひけるはメレイライチンは定めて汝が工事のために成らぬであらふといひしに匠人はいへるやう彼は他の職工よりも常に多くは工事をなせりと答へたりとぞ○かくてメレイライチンは此校にありしが程經て卒業しある學校は教師となりつとめて節儉を行ひ稍くすこしは儲蓄を得たればこれによりてまた他の中學校に入りて脩業をなせりこは時メレイライチンと共に入學せし者にて或る校の教師となりし者ありけるが一日授業はひまメレイライチンは事なつきてそれ生徒といましめけるは彼は形容に心をとめず身に用ゐる所は物はすべて自製は甚だ粗惡なものを着て常に專ら心を學藝に

用ゐたり然して同僚のうちにもしその業の進まざるものあれバ己が罪の如く思ひこれを教へ助けてひとしく進ましめたりまた誰によらずその身の所有物を望むものあれバ怪むことなく與へけり故に彼に交る所の人々は其風致を慕はぬものはあらざりしといへり

第五　メレイライヲン高等學校に入りしこと

さる程にメレイライヲンは數年の間學藝にのみ心をとゞめ且つとめて節倹をなしその積蓄し所の資によりてころに高等學校に入ることを得たり此時年は二十四歳なりき扨此校の教師某は當時有名の人にして其教育の方は只名によらずして其實理を活用するを以て趣旨とせりそは此時アメリカの如き國すら婦人は文藝を脩るの資性なしとして男子にひとしからぬもの

の如く看做したり女子もまた自ら其説に惑ひ往々これに安んずるの風ありしかバ此人ハ斯る弊習を改良せんと常に心を用ゐその徒を教育るに男に均しき性格をもちたることを覺らせその智識を發達しめて卑屈に安んぜざらしめんとなせしなり故に女子と談話の一言だも睥睨の擧動ハあらトといふ偖もメレイライヨンハ此良教師の董陶のもとより己が志望に適たればバ大に勢力を得てますます思想を發暢したり是より專ら婦女子の謬見を回復することに心を用ゐたり抑もメレイライチンが男女同等の見を察るに固よりその權衡を爭ふにあらず只天の人に賦與られし能力を研きその價格を實際にあらはし女子のミならず男子にも稗益を與んと欲しことなれば徒に理論によりてその說を主張るにあらぞまた名譽のためにもあらず從來

婦女子の務むべき本分は自棄たるものを得さしめんためなることを知るべきなり○メレイライヲンは此學校にありしこと僅かに六ヶ月にして既に學資を消尽せしかば已むことをえずこの校を出てさきにはならひたる學校にゆきて再び教師となりたりきこの後高等學校の教師なる人にいひし語にこれひさしく多くは婦人を教授しが其中には俊秀の者もありしかどもいまだメレイライヲンは如くよく人は思想を悟るもれを見ず然どもおしむらくはこれに習慣ざるが故にそは深き思想を全く活用することを能はざりしといへどメレイライヲンもまた彼は教師につきていひしことあり我たび／＼教師の教を受しかども人は為にはたらくべき能力を養ひたるは全くこれ教師は薫陶によれりそは此教師は常に教ふる主意は人は為に益を與ふる

の學問なれば也と始めメレイライチンは高等學校にいらんとせし時親友某等はメレイライチンは學をもはや足れりとして入學を止沮たりしによりて即はちこれことと母に謀議せしか母は少しも滿足するは色なく尚も其志とはげまして入學とすゝめたりければつひに意と決て奮發せりといふ前にもいふ如くこの時メレイライチンもその學力も母よりも遙かに上達せしかども母は見識なはかくの如しもし尋常は母なりしならば恐くもこの時メレイライチンとして進ましむることあらざりしならん

第六

メレイライチン世の爲に役事べきことと決心しことと

メレイライチン高等學校と出くより六ヶ年の間某の校にあり

て婦女子の爲に敎育となしたりしが是よりさき兄は家族をつれて故郷を離れ百五十里ばかり隔りたる西の國の一隅に轉移けり元來この地は人家稀少して子女を敎導べき人もあらざりければこの時兄はメレイライチンを招て此地のために子女の敎育をなさんことを乞ひたりけりメレイライチンひさしく親族に離れし事を憂ひし折からなれば喜びて其招きに應ぜんとせりしかるに友人某ゐのことを不可として強て止めければ行くことを果さゞりきそは當時メレイライチンはかゝる小さきはたらきとなすべき者にあらざればなり然どもメレイライチン親族を思ふの情はしばらくも忘るゝことを能はず爾後兄弟の子女として或は高等學校に入れ或は己が開きたる學校に招きてみなその助力となしたりき加之己が少時の景状とおもひ全く

學問にのみ身を委ることを得ざるものを体恤りよく其世話をなしたりといふ此の頃親類某其子を依嘱しことによりてメレイライチンの返書ありければ左に其あらましをしるさんはトめ己が一族に學文の必要なることを望みしは重にこれらの者をして權貴に到らしめんとてなり然れども今にして顧慮れば其望は至要のものにあらず倩々世間のありさまを見れば人のためにに勞事く者は甚だ少く就中婦女子の爲に勞動く者も殆どなきものゝ如しこれ一日も忽にすべからざる事なり故に尤も須要なることは此等の者を養成すべき事なりわが愛する姪よ汝只この重任を助くる所の具まぞなりと知るべし己がある所の己がもとに來るを望まばよく此意を認むべしそれ學問の要は校は一年廿五圓の授業料を要れどもこは我より辨し置が故に

其代りにヘブリユー十三章十六節を常に記臆あれ（其語は善と行すと施を行すことを忘るゝ勿れ）また神は擇みし道に汝の歩んことを希ふこの書は現今或人の所有しものなり○此の頃メレイライチンは或人より結婚を勸められしが殊に郎家は豪富にして且神には篤信ある人なりければ何人も皆好むべき家なれどもつひに之を謝絶りたりきこれ其身の獨身にてはたらく事は特に神より命られたることゝ思へばなり故に此後も去む〴〵てれをすゝむる者ありたれども直ちにこれを以て辭したりとぞ

抑もメレイライチンは斯く決心したるも當時婦人のために勞力く者の稀なることを甚く心に憂ひしによるこの時メレイライチンもし嫁娶なせしならば其身も安佚にして且生命をも延長せしこともあらんにさはせずして只婦人は教育の足らざる

廿五

と歎ち身の安樂を忘れて好んで患苦を嘗め孜々して其勞役の永からざらんことを恐れたりも一また彼に嫁の志ありしならバ當時稗益を與へしことも自ら減縮して今日の結果を見るあと能はざりしならん

第七

メレイライチン或る校に教授をなせしときの事情

前にもいへるごとくメレイライチンは六ヶ年あまり某の學校に駐りて婦女子を教訓たりしが彼がはじめて此校にいたりし時は生徒凡そ五十人むありありメレイライチンそこれふれものと眞實は聖徒となさしめんと深く望みければ常に神に祈りて聖靈を與へられんことを願ひ且は力をつくして教育となし強き信愛を以て誘導けるば生徒の中にはおひ〳〵と神は教と

のくことを喜ぶ者も出來たりけり加之生徒も増殖して彼の此校を辭る時は既に九十人にみち皆よき聖徒のみとなりたりしといふ○ある時生徒のうちにて遠國より來り居しものありけるが故郷と愛戀おもひて常に憂き容となせしによりメレイライヲンこれらの者のために大に心をいため神に祈る毎にかれらが其懐と忘るべきよき慰を與へられんことと希たり一日この者らにいひけるは汝等少しく心を寛濶して胸裡にみちたる愛戀の幾分を割て何卒の己れにも與へられよと乞ひければ彼等は大に覺りけん胸は憂鬱は消散てこれより故郷を懐ふの情と起せしことはあらざりしとぞまたある生徒らは科業の定りしことを忌み厭ひて己等の好ものに應せて教授と受んと主張するものもあり又或時は暗算は科にあきて或者はもはや得た

る事といひ或者は小兒のなすべき技なりといひて此科を廢棄んことを望みたり當時メレイライチンこれらのものに諭しけるは汝等暫く忍ぶべしもし汝等の言の如くあれば廢するもよし然れどもこれ實地の狀を見るに或は棄る心の起るものなきにしもあらざれども未だ全く棄る心は起らざるなりといへり今またあるに生徒の或者はメレイライチンに學びしところの聖書は特に感覺深くして一度聞きし言は幾日を經とも忘るゝことと能はずとて喜ぶものもありまた或る生徒等はメレイライチンの講義をきく毎に己等の書物に記さる語が彼の書に記してありけるかと訝かりしものありたり之はその講義の詳密懇明なるがゆゑなり○ある日出埃及記三章十一二節を讀み人の爲に勞役く者に神は豫備の方法を與へらるといふことにつきて

講したることと筆記せしものあり．けれど爰に其畧をしるさんさくその書にいはくモーセ外舅の羊を牧ひ其群を導き曠野の後に行き神の山すなはちホレーブ山にいたりける時主は使棘の中にて焔の如くにモーセに顕れたりメレイライヲンいひけるも斯く賤業となしたるこのモーセは後に来イスラヘルの人々は嚮導者と称れし大勲功ある者なりおほよそ人の此世にあり く大功をたつるものも神これが為に其者として豫め其備をなさしむるなりこの間もしこれを人智より考る時は殆其功業をなすべき時期はあらざる如く見ゆるほどに多の星霜を費さしむることもあるべしそれ神の旨は人の思想と異なる豫備と授け玉ふを知るべきなりいま試にかのモーセを見よ四十歳は時はじめて寂しき曠原に出て尚四十年は間その豫備を習練れしなりもし人の考なればかゝる迂遠きことをなすものあらんやされどもモーセがイスラヘル族の大衆をエヂプトよりカナンに嚮導くことは最も大事業なれば神は彼をして賤しき牧業と授けてその心に謙譲を起さしめ或は種々の法によりかの大業に適合ふ眞の柔和なるモーセとなさしむる迄に四十年と費さゞれば能はざりしなり其後に至りて多くの衆と引率し時奇跡をあらはしまれに水と與へしも曩に謙遜たる心を以て舅の羊群に水を運搬しによらざらんやまた幕宮を造らんとせし時にイスラヘルの婦人等より献し織物糸等を見てその勞苦を感ぜしもさきに己がその辛苦を嘗めしによるにあらずやまたシナイ山の頂にありて神に十誡の碑を受けしも曩に山の陰にて久しく神の事情を考究しによらざらんやといひ又あらたにいひ

けるは今己が讀みし此二節につきゝ感せしことは充分に汝等に説きつくすを得ずありしモーセの神に誘導れしあとは實に幸福なることゝいふべし故に汝等の中にも大事業となさんと欲て或は故障に出逢ひ或は資力に乏しくして直に望の達ざる事もあらんされども志を挫くべからず此時は只神より其事業を己に賦與られたることゝ思ひ忍びて時期を待つべきなりこの故に曠野の後にありとも決して恐懼るゝなかれ其場に久しく留めおかるとも無聊き思ひを生ずるなかれそは神は其事業につきて如何なる豫備が要用なるかよくこれを知り玉へばなり汝等おもふべしカナンにイスラヘルを導し者も前には曠野に羊と牧ひし人なりイスラヘルの王となりて彼等の尤も感せし詩を書きたるものは前に賤き牧羊をなせし人なりといひた

りしぞ此の頃校内に十一人の尤もよき信者が出來たりしがこれらの者は常もメレイライチンと特別に祈禱會をなし居たりまた總ての生徒もメレイライチンの教に勵まされて非常に學問を黽強けれバこれが爲に神を忘るゝこともあらんかと一時は憂慮せしほどなりしといゐ是時メレイライチンは彼のよき信者と共に大に聖靈の助を得んことを願ひたりしが神は俄に其能力を顯はし玉へりこれより後は諸生徒みなよき信者となりけるとぞ當時メレイライチン諸生徒の父兄に書を送りて此狀情を報し且この感化の衰へざらんため尙その家々におゐても怠らぞ神に祈らんことを希望ひけり斯く大なる聖靈の恩化ありしより道の勢力を得しことは啻に學校のみに止まらぞ彼等が卒業の後は所在祈禱會或は日曜學校を設けて皆よき勉

事せしかバ牧師或ハ傳道師の爲に大に助を添ゑたりといふ爰に諸生の卒業して家に歸らんとせし時彼等に告しことをしめさん己れ今別れに臨みて汝等に遺すべきことあり此後汝等が人々に交るにあたりて王公貴人の故を以て妄に己の意を狂ぐ眞理に悖るべからず○何事を行するにも其はじめ自ら先づ心に其ことの眞理に屬へるか或ハ慾望に屬るかを明に解すべし○神道學事或ハ誘導等に關ることハ輕忽することなくよく意を用ゐて鄭重にあつかふべし所途の事業ハはじめに確乎たる目的を立て決して惑ふことなく服役すべしそも汝等そのとき他に如何なるよき思ふ事を見るともこれによりて世事を一變ることを能はざれバ只このときハ省みて神の汝等に負擔せしむることを耐忍して遂げよ○汝等己が獨立せしとて他を顧みぞと

思ふなかれ人ハ互に相頼らざれバこの世を維持べきにあらずこれらの事ハ學問なせしものハもとより辨へたることならん○生涯イエスを模範となし人を使ふよりも却て人に使はるることを希ふべし○汝等これより智識の活用と役事の練磨を擴充さるるの秋なれバ難事に臨んで任に堪へざる事と急に決斷ることなかれ○躬自ら信仰と希望の足らざる等と決して思ふなかれ誠に己が弱きを知るならバ益す〳〵神の強大を悟るべし○汝等が住むべき位置ハ國の內外都鄙のわかちなく或ハ人に交接るも貴賤貧富の隔なく我が平常に教訓せしことを忘るべからず○神のために勞事する者ハ何の地位にありとも神と共に在ることを常に記臆べし○さてメレイライチンのこの校に教師となりてより學事追々と盛大に赴き且つ同教師にグ

ランド氏といへる篤實なる人ありければあひともに協心戮力して勞事しにより萬事よく整頓てつひに從來の面目を改めしといふ然どもメレイライヲンもいまだ此等の學校を以てその心に滿足し能はざれば遂に校事をグランド氏に委託してその勞動を辭したりきこれよりその宿心を世にたつることゝはなりぬ

第八

メレイライヲン米國婦女子の爲にはじめて大學校を建設んと企圖しこと

抑もメレイライヲンの彼の學校を謝せし故は當時男子のためには既に完全なる大學校の設ありしかどもいまだ女子のためには斯る學校の設あらざりしを常に心に患ひたりされども此事にのみ身を委すべき事を得ざれば只思ふがまゝに日を送りた

り是にいたりて身を奮ふて他事を抛ち專ら婦女子のために大なる學校を起しかれらの學藝を高尚ならしめんと企圖しによりてなりしかしてこの企望の起りしことも全く神の特に己を擇みたまひしことゝ堅く信ぜしかどいまだその事業の成るや否やを知らざれどもメレイライチンの心の中にはもとや學則なるひは教法それふか學校の形狀などは明に想像して既に實施せしものゝ如くおもひ居たりしと云當時メレイライチンの齡は三十七年なりしが身体強建にして信仰と勇奮の氣象に鋭どく諸學に通曉じ殊に理化學は最も蘊奧を極めたり加之交誼に於いても事に慣れ物に觸れてよく世情を熟知せり且從來學校に勤事せし時は何れにありし時もその名望高く父兄の信任を得たり又その性質は眞理を喜ぶが故に確乎不拔のことにあら

ざれば尊重を加ふることなし故に人と値遇するにもたゞ靈魂の醜美に意をかけ容貌によりて人を見ることなしそは現世の富安あるひは貴顯あるひは錦帛美味等はメレイライヲンの身にとりては益を與へざればなり故に彼の衣住等は常も儉素にして一も虛飾あることなしかくの如く己の心をして須更も眞理と離るゝことをなさゞれば人と談話の一言だにも故造せざして人々の感嘆を生ぜしめたりき一日衆と共にありける時そのはなしのすえ神の律法を犯すものゝことに及たりしに衆みなおそれいたりしが既にして天城のあとに移りける時みな再生の懷となし欣喜の色面に溢れ早く該處に赴んことのみ望みたりしとその人心を感動しむることも總てかくの如し聖書に云ることあり自ら欺くことなかれ神は慢るべきものにあらざそ

れ人の種る所はまたその獲る所となると(加拉太六ノ七)メレイライチンの言行よくこれに適合り○この時メレイライチンその妹におくりし書中にいへることありこそ此度大なる望を起せりそは米國婦人のために一の大學を創設んと欲しなり然しこの大望は扁艇の洋海と航るが如く風濤のために何れの島嶼に漂流るも知るべからず去ながらまた幸にして望みし港に達ることもあるべし然どもわれはこの森渺中を渡航ことと少しも憂慮とせざりきそは神は常に己れとよく導き玉ふことを信じて疑はざりしなりさてもメレイライチンは遠大の企望をなせしについてもまた非常の勞動となさゞるべからざりきまた斯る大業をなすにはもとより一己の力にてなし得べきにあらざれば博識者のつどひたる所を索めゆき己が意見と老成人に謀

んことを冀ひ居たりしが此の頃幸に某地なる大學の教師となせし人よりある事にて招待せられければ大に喜びその家に赴ぬこれより後メレイライヲンは此地におゐて嘗て企圖せしことを學者あるひは金穴家等に謀りまたしば〱新聞社等へ投書して公に人に告しかど何れの新聞にも登録せしものあらず且つ金穴家等はこの擧を聞しかども殊に心に留めざりきしかし學者の中にはメレイライヲンの志に感じてすこしは贊成せしものありきかく微々たる氣を勵しく處々に游説したりしが從來メレイライヲンの教を受し生徒の各處に散在る者らみな此擧をきゝて大によろこび其地方に稱道しかばその説四方に傳りぬ

第九

贊成者次第に加はりて遂に望の如き大學校は落成しぬ

誠實を以て事を行ふ時はその心洞徹かずといふことなく精神一到なれば何事も成らずといふことなし爾後メレイライチンはおひ〱に贊成者を得てこゝに企圖たる學校の爲に時々集會をなし建築の協議をなすことゝはなれり是時協議にあづかりし人は未だ僅少なれどもみな神に篤信ある人にしてその中には學識ある人もまゝありき偖この建築の豫算を一萬五千圓にして其金額を補助人等が分擔して有志の者より寄附を募ることに決定したりしがメレイライチンは一千圓を負擔たりこれよりメレイライチンは朋友知己に書を送りあるひは家に到り懇々事情を述べ當時の急務なることを諭し冗費を沃してこ

の事業を助けんことを希たり此時よくその事情を察せしものハ始に寄賦せんと思ひし金數より倍蓰して或ハ數圓或ハ數十圓とおしむ色なく出せしかバ二ヶ月經ざるうち既に千金に滿ちたりけり斯の如くメレイライチンの負擔せし金額ハ僅の間に調ひしかど他の分擔せしもの等ハ未だかくの如き運びにいたらざりければ未だ建築に着手べき金額にハ滿たざりしが是時マサツチユセツツ州のソーフヘッドライといへる地ハ人々等この校と其地に建築んことを深く望みし故いまそれ不足の金額とこの人々に負擔しむるの約と調へ學校の位置と其地に定めたり之によりてこの事を政府に告げその充可を得て工事に取掛りたり是時建築の豫算ハ一万五千圓なれども漸々盛大になさんとの見的なれバ政府への申狀ハ十萬圓ハ見積りになせしとい

ふ○是より後メレイヲイサンは此事に付て種々のことを身に受けてその辛勞は實にいふべからず或時は普請場にありてその負擔者と種々の事を計畫し或時は處々に奔走て寄附金を募りその他百般の事に預りて寸時の暇もあらざりき斯く困苦を忍びて事に服役せしも結局喜ばしきことを見んことを樂みてなり或日一人にて某氏は富裕にして善事を好む人なれば學校の爲には必ず金を出すならんときゝしかば大に喜び直にその家と尋ね行きたりされども未だ一面識もなき人なれば如何にせばその意に合ふべきやと暫しは苦慮してその門所に躊躇しけるが聖書に爾らその憂慮ふ所を悉く神に託ぬべしそれ彼爾等を顧みたまふべし（彼得五ノ七）といへると思ひければ神の深き惠に己が苦慮せしことを忘れて遂に内にぞ入りにけりかくて夫

妻に面晤てその事情と告しが彼等ハ大に稱贊し氣をいれて此事に尽力せり故にこの後學校の事に付て談議ある時ハ常にこれ家に集會することゝなりしといふ又ボストンと名づくる所の或る信者なりけるがこの擧をきゝてメレイライヨンを己が家に招きその企の方法と尋ねしが大に喜びその妻と謀て直に五百圓と出だせり加之爾来も學校の爲に勞役し且つ漸々出せし金もまた五百圓に下らざといふこの頃メレイライヨン友人に寄せたる書中に一日己れ寄附と募る爲に某の家に到りしにその家の主ハ婦人にて一人ハ妹と共にありし家ハ富みたりといふ程にもあらざれども少しの貯蓄となせし人なり此時兩人ともに各百圓宛と補んことを約せりしかるに不幸にしてその後失火のために姉妹ともに家財を燒尽せしかバわれもはやそれ約

束を忘れて彼等の困難を患ひたりしが圖らずも二人ハ各百圓づゝの金を合せて遺り來れりわれその狀をきくに彼らハ一旦約せしことを背くべからずと罹災の後ハ愈々勉めて勞勤し漸くにして約の如く出すに至りしといふ此時われそれ金を開きしにまゝ煤煙に染りし者ありければこれを見て涕泣に絶へざりき故にわれ之を己が所有し金に換へかれらが誠實忠信なることを忘れざらん爲にこれを愛藏たりといへり○却説學校ハ工事に着手しより數ケ月を經て敷地の基礎落成したりければこゝに礎の式を行へりこれ米國の風にて集る所の人々みなその礎の上につどひ神に感謝祈禱し或ハ演説してその功業を祝するものなり即ちわが國の上棟式に彷彿たり是時メレイライチンの喜びいふべからずその嬉しさの餘り筆を取り一隅の石

に向ひ神とその使ひ女の卑微を眷顧たまふと（路加一ノ四八）書したりき是より後數ヶ月即ち工事に掛りしより一年を超えて建築全く落成りその構造ハ四層となし毎層の廣さ二百三十坪余あり最下層ハ書籍寮或ハ諸鑛物ハ陳列場或ハ食堂庖廚洗濯場（これ入學生をして炊事又た洗衣せしめてその入學費を減せんためその見的なり）と設け次層ハ六室に區畫して總て教場となし三層四層ハ生徒の寮室にて八十人を容るべき備となせり斯くの如く宏壯結構をなしたるもその本とみな衆くの篤寶家の身肉を割きて神の爲に獻げし所ハ榮澤なれバ實に尋常の建築の物の比にあらざるなりまたこの學校ハ一地方のために起したるにあらず米國全土にその益を與んが爲に設置たるものなればバ漸々廣大になすべき見算なりき○偖學校の建築ハ成就した

りしかども内部必要の器財の如きは未だその備あらざりし然して當時各處の有志者より得たる所の金額は一萬五千餘圓にして既に建築に消費しまたその餘資あまりければメレイライチンは從來教授したる諸生或はその親等に書をおくりて此人々は周旋により器財の料を得んと各寮各室の要具を記しその費を豫算して各地に依頼たり是によりて或る地よりは某寮の具を寄せんといひ彼の地よりはあの室の具を引受くべしといひ此地よりは何と補んと漸々に其備具を調ふに至れりされども未だ寮室は装具十分ならざれば全く美觀を粧ひし者といふべからず去りながらメレイライチンは大に滿足の色をあらはし或る人にいひけるは譬へバ山を登るが如く遽に巓に達せんと欲せバ却て困苦に堪えずして志を遂げ得ざることもあらん

されども羊腸緩縵に歩を延く時は樊躋なくして絶巓に至るこ
とを得べし故に装具の如きは今云ばしゆるめ置き後日を待て
可なりといひけるとぞ

第十

學校の開業よりその明年は
大試驗迄の事情

偖校中各部は要具は前すでに述し如く各所よりの補助を得た
りしが既に寄送せし地もあり未だ聚らざる地もありて全たく
備れりといふにはあらざれども必ず全備すべきの方途を得し
故に茲にこの年は十一月八日を期し開校すべきに決しあらか
じめ報告して生徒八十八人を募りたり而して生徒入學は期を三
年とす科目は如れもグリーク學及び算學の他は男子のためよ
設し所の大學校に比して少しも劣りしことはあらざりき故に

入學せんと欲するものも豫め技藝を備えしものにあらざれバ入ることを得べからざるなり去りながら入學を希ふ者ハ忽ちろの數に充ちしといふ既にして開業の日とぞなりにければ入學するものゝみな四方より集ひ來れりかの人々ハ二十歳前後の者のみなりといへりこの時メレイライチンすべての者にいひけるハ已れ久しく汝等の來校を待ち居たりしが今ハすでにはじめて面接ことを得てその嬉しさ實に云べからず去かし校内未だ不完全にしてこれが爲に甚繁雜なりけれど汝等各ろの携荷と室に納め置き疾く來りて已れらのなすべき事を助れよといひ恰も母のろの子を愛するごとく親しくかれを待遇せしろバ生徒等ハ直に訓染みて憂慮の色なくその勞事を助くるにいたれりといふ斯くのごとくメレイライチンハよく諸生を育養

四十八

しりばみなよく基督耶穌の精兵に倣ひ(提摩太後書二ノ三)その不完全を耐え忍ぶことを得て八十人共に和合して少しも憂悉を生ぜしめざりき○またこの學校はなるべく費目を減ずべきの旨趣なれば使丁あるひは雇人の如きものなくこきられものゝなすべきことは皆生徒は中より一日に一時づゝこの事を服役しめたりこれ只校内は事のみを便るためにあらず最も身の運養となり且灑掃炊烹等は婦人たるものゝ務むべきことなればなり一日メレイライヲン完爾として諸生にいひけるはこの校は宛も篩のごとしもしこれらの事を煩しとおもひあるひは忌厭ひて自尊する者または怠たる者あるときはこれを淘汰ざるを得ずといふさりながらこれまで何地の學校にてもみな使丁傭保ありて未だ斯よふの事を生徒になさしむることを見聞

せし者あらざりしかバ此時他の教師等ハ殊にこれを難事として潔く思はざりきメレイライチンも亦容易き事とハ思はざれども元來彼ハ此校の成就するまでに種々の事に心を尽し且百般の患難を忍びしことに比れバ必ず他日は難事とも去るべきことあらんと心に期したりきしかして事の創業ハ尤も緊要なる時なれバ失措なきよう自ら一切の管理をなし或ハ麵包を炙り或ハ燒養などして諸生を皷舞したり○このとき諸生を數組に分ち功者なるものを撰みてその調理をなさしめそれ〳〵手に應ぬ事を課し交擔して饗餐等を賄しめしかどその中兩三人ハ常も受業の妨害となりまれに闘る時ハ天文算課を學ぶことあたはずまたこの二課の時限を變るときハこれに闘ざる者の妨害となりて適宜の方法を得ざりき然しメレイライチンハ撓

まだ屈まず諸生を勵し汝等よく忍耐せよすべて何事にても屢
く々忖度するうちにハ適宜に運ぶの法を得るなぶんといへりま
た諸雜費と減すべきことに付て誰も皆メレイライチンの見的
の如く減少すべしといふ者あらざりし故この事に付ても一切
これをメレイライチンに委任すべしといひてつひに彼に擔理
せしむることゝなりたり蓋ハこれまで彼が勞役し學校生徒一
人の入費に比べてその半價余の割を以て本校生徒一人すべて
の事を維持すべき見込あればなり是におゐてメレイライチン
ハ非常に節儉を行ひ己が一家の經濟を慮るが如く萬事一人に
て調理し別にこの掛りの人を頼まずして一年の間これを試み
しが今やその會計簿と出し以前に難せし人々に示たりしに豫
算よりも却て贏餘を生じたりければ皆々くこれに驚かざる者な

かまけりこのとき人々互にいひけるハ自今會計の事ハ總てメレイライチンに委托せしならバ少しも憂慮もあらざりしといひあへり扨も費用を減すことハ固よりメレイライチンの望みなれバ當時自らその摸範とならんがために己が受るところの給料ハ僅か衣食を得るまでのことにて實に薄少なりしといふ然して身に帯るところの業ハ金銀の出納あるひハ諸雜務或ハ臺所の管理および生徒の授業等にてその繁忙なること擧ていふべからず又その授業ハ文法科および論理學等の課を受持たりしかど劇務のために未だ一時も欠損せしことハあらざりしといふ斯るありさまにて殊さら器具ハ不完全なりしかバ開校以來六ケ月の間ハメレイライチンの心を用ひ身體を使用しことハ毎日十六時乃至十八時にいたれり此間暫くも休息せしこと

なく充分に服事なせしかバ毎朝〱鶏鳴ニ寢室を離れ諸生に率先
て事を執しかバ皆これニ奨勵されつひにもメレイライチンと
同ト目的と定めてその希望を保ニ至たりしといふ之によりて
後來生徒ハこの學校を出て各地ニありて皆よきはたらきをな
し世のためニ大なる裨益を與へしものも多かりしといふ○こ
ゝにまたメレイライチンの諸生徒を鼓舞るを見るニ嘗て一の
褒賞を用ゐしことあらず彼ハ只神の大なる恩を受る時ハ必
ぞ學問に上達すべき能力を得べきことなりと思ひ此ことにの
み心を寄せて諸生を奨勵せりかうるニ諸生を諭す毎ニハ常も
怠惰を誡むるよりも却て勉強に過るを制すこと多かりしとい
ふかうしてこの校にあるものハ三課れ外ニ書籍を披ことをゆる
さず又教師ニつきて學ぶ所の業ハ一科毎に半時あるひハ一時

間なりといふそでにして一ヶ年を過ぎければこゝにはじめて期年の大試験を施行たりこの時校事に關る人および諸生の父兄等に報して二日の間行しに終の日には參観人雲の如く集ひ來てさしもに廣き學校もこの人々を容るべき隙もあらざりければこれらの人のために會堂をかり受け演説などをなさしめけるに此處もまた立錐の地なきに至れりといふその當初メレイライチンの學校を起設を希企るにあたり世人も誰もこれを顧るもの少く且建築の後もこれを信任ずる者甚稀れにして動もそればそれ勢に壓れんとせしほどありければメレイライチン大に憂ひけれども開業の後も種々の關係にこの身を覊ぎのれければこれらの事に思ひを寄するの暇隙もなく未だその望を滿足せざりしがこの日群り來る人々を認て大に喜び今やそれ

は勝利と得たりと思ひ爾來は必らず婦人はためよ勞事べきものゝ少からざることを推し量れりこのとき集りし人は中よメレイライヲンが喜悦は色に溢るを見て口にも筆よも顯しがたしといひし者ありきまた此日の試撿よ殊よ學藝に長じたるものにて全課を卒業たる者三人ありかくの如く創業より隆盛の景像なりければ校事よ關するもれといふまでもなく父兄等に至りてもみな欣喜の色とあらそひ互よ演說などして學校のためよ幸福と祝したりといへり

敎育及校事よ係りたる事情

其一　重よ校則よ關しこと

偖前よも云る如く峻嶮山路も延長なすときは容易く絕巓に達るべしとは實よ理なりこゝに第二年の開業には校內の事みな

よく調整ひて百物不具の患もなく且つ會計あるひは庖廚の煩事も徐にその端緒を得たりければメレイライチンは重に授業に身を委すことに至れりまた從來生徒の定員は八十人なりしが尚ほ二十人を增し百人を容るべき備えをなせりまたこの時教師の中他に嫁せし者もありければ前に卒業せし三人の者を教師に頼みたり(此三人の中一人はメレイライチンの姪なり)これよりメレイライチンは上級の生徒と一切擔任し且次級にある生徒は地質學の科を授けたりしかしてこの生徒の中には牧師は妻となるべく契約せし者あり或は眞の道を最も研窮なさしむべき父兄の希望ありし者も多かりければ聖書の科と最も至重に授けゝりこれは只父兄の望にのみよりてしかせるものにあらず生徒等のこの校に來るは全く神の我に與へ玉ひしことと

ゝ思ふが故にもしこれらの者をして神の眞の子となさゞる時はその旨に悖ることを尤も恐れたればなり故に常に學識才能ある者にもその力を神のために活用すべきことを勸めて己まざりきこゝにまた日曜日を學校のためによろこばしき日となりにければこの日も諸生を一處に集めて聖書の肝要なる部を說ききかせたりされども彼等の中には尚未だ神を信仰せざる者あるとおそれければ一日彼等にいひけるに己れ汝等をして皮相にこの日を守らしむべき能力あれども汝等の誠心より潔く守ることを得さしむべき能力は我にあることなしさりながら會堂にありて聖徒と接る時にも會集を輟る或る人に效ふことなくともに相勸め（希伯來十ノ廿一五）必ず怠るべからずまた汝等人を悅ばせんために思慮するも宜しきことにあらず試に

見よヘロデヤの娘は踏舞のために王をよろこばせたれどもろの結局は洗禮のヨハネを斬りその頭を母に與えたりそれ美服媚色等は人見てこれと快しとすれども或はその母と憂えしめ又は婢僕等と虐使する者あり故に小事に忠なるものは大事にも忠しく小事に忠しからざるものは大事にも忠しからず(路加十六ノ十)といへる如く假令ひ小き事といへどもよく意を用ゐざるべからず汝等學校の規則を見れば種々に別れたるものゝ如く思ふなくんされども汝等心を尽し精神を尽し主ある爾の神と愛し次に己の如く爾の隣を愛せよ(馬太廿二ノ卅七八九)といふ中に含有りされば只これの語を常に想ゐべきことなりといへり○さてまた學校の規則はもとより生徒の堪へ難き程の禁則はあらざれども私情を専にせんがために往々これが改正と望

むものあまけれバ一日あれられハ者を己が室に招き愛情ともハてよく理解し且いひけるともしこれを厭ふもハあるときハこれら學校ハために尤も憂ぬべし故に幾たびも諭して不肯ものハいかにせんや些細なる腫物といへどももし全身を腐敗するハ毒をたもたバ名醫も必ず速かに剔抉てそれ害を除くべしこれ一時ハ痛苦を厭ふて等閑にすべきものにあらざればなりといふ又メレイライヲンも啻に諸生を誡むるハみにあらず校則ハ如きハ自ら摸範となりてこれを守り決して師弟ハ別をみださゞりしころに校則の中に故ありとも教師ハ許なくして妄に食堂に欠席すべからずといへることありある日一生夕餐の時にあたり同室ハ者に託みすこしの病氣にかこつけて欠席するよしをメレイライヲンに乞ひたりけるに託を受けし者あれを

五十九

通ずることを忘れて食案に付き居たりしがこの時メレイライチン鷹眼を張て堂中をながめしが一生の在らざるを見て他の教師にその故障をたゞしやと尋ねたりもし常人なれば多人數紛雜ることとなれば一二人は失視することもあらんと思ふなれどもメレイライチンはもとより斯る粗疎の舉動もあらざりしこのとき託を受けし者この語をたゞはじめて氣付きてその失意を謝たりき既に食し終りて彼もその室に歸りたりこの時病生は室内の牖より夕陽の赫輝たるを眺めゐたりしがはからずもメレイライチン麵包と茶を提携て入り來りければ二人はこれを見て妖怪物の如くに驚けりメレイライチン病生をなぐさめて自愛すべしといひ携へしところの物を與へければかれその恩情に感じ且その勞苦をかけしことを謝したりけりそれこ

の室は四層の上にあるがゆゑなほメレイライヲンまたいひけるは憂慮なかれ日暮れば誰も疲れたりと思へばなりといひて室と出たりきては病生の不意を伺ひしにあらず先に食堂にありてその託を受けし者に告げて己れ自ら行きてその病と問ひ且食物とも与ふべきよしを言ひおきしに彼また夕やけの美はしきに気を取れその報と忘れて告げざりしなりこれより後此者は一杯の茶あるひは一片の麺餅だにも食し得ざるべき気力あればば決して欠席することとなさゞりしといふまた或る時一生徒に甚だ縦肆なるものありければ衆くの者はみな此徒と共に同室することを好まざりしがメレイライヲンは常に信任ずるところの者等と招びこれにかたりけるは汝等の中耶蘇基督のために彼者と同室することを忍ぶ者あるやといひしにあれ一

言にく諸生等みなかれを厭ふは念やみ却て深實にまじはりつひに善良に誘導きたりといふ○こは時すべては生徒各自に聖書を見ることゝ神に感謝の祈禱することとなさしむるの法を設けたり即ち毎朝會讀終りてより半時と限りこの間生徒各一人づゝ別室に籠り只聖書を見ると祈りとによりて神と共に交る事となさしむるなりそは法は時來りて鈴聲を聞けば諸生分散て各そは定りたる所の室に入らしむなりメレイライチン諸生と誡めけるは汝等たゞ讀むことは多きと貪るなかれこともとよりは靈魂は養ひなれば、たとひ聊たりともよく咀嚼して臟腑に致すべし祈禱もまたしかり徒に言は快暢なると宜とせずそは中にあるときは何事とも思ひ煩ふことなかれ只懇切に祈り且感謝して己が求るところを神につぐると(ピリポ四ノ六)己するべからずといへり實にメレイライヲンはそれ室より出しとき常も神と倶に交りし狀態ありしといふまたメレイライヲンの神に所求る情狀ハ恰ど兒の親に願ひ臣の君に乞ふごとく只管に眞情を尽し苟も喋々儀文に流れずもし人のために祈らば其人の名を呼びたりそハ神は我が祈りを聴ざることあらじと堅く信せしによればなりまたこの規則を置しときは未だ神を信せぬものもありたれどもおほかたはこれを悦びて守りたれば日を經る中これにより神を信せぬものはなかりしといふことに續てまた日暮より十五分の時間を限りて各生徒を數組となし神を讃美し且祈禱なさしめたりしなしくその祈をなすものハ組毎に大抵三四人ばかりなりしといふ○こゝにまた毎朝の會讀ハ百余の生徒一處に集りてこれを行せりこのときメレイ

ライチンは廣き場處なるが故に生徒らの誤聞なきよう常に大聲を發し懇にその要目を説き聞せり抑もメレイライチンの人々を訓導くは容貌によらず才能によらず專に限りなき靈魂を有るものなりと思ふがゆゑに常にその望と眞道に屬きたり故に平生かれらにおしへし語に不義なるものは不義なる任にし聖きもの聖き任にせよ(默示錄廿二ノ十一)といへるにあらずや人もし後來の安樂を希はゞ今日必らずその備をなすべきはづなり若これを怠るときは再その時の來らざるを悔るにいたるべし耶穌いへることあり人もし渇かば我に來て飲めと(約翰傳七ノ卅七)心の渇く者は必ずそのいける水を飲まざるべからずとこれ他アブラハムの信仰モーセの謙遜またはエリアの人間を錯て神を畏れしこと等と常に語りし諸生等預言者の説と

たく毎にいつも志氣をはげまし彼等は只神の能力を得て大なるものとなりしまでふて我らと等しき人間なればわれらもまたその道をつくして神の能力を得る時はかくのごとき人となるべきのおもひを起さゝるものあうりしといふまたメレイライヲンの衆を導くありさまをみるに恰も農夫のはたらきの如しはじめ衆の荒蕪たる心境を開墾き次によく之を耕へしつぎにまた種を播しよく培養して生ひ長しめその成熟るを待て後に收獲ることとなせり故に稀には秕の生ざることあれども大抵實を結ばざるものあらじといふ前にもいへる如くこの年は開校には生徒凡百人ありしがその中三十人ぞありは未だ神を信せざるものなりけるに數月を經るうちにみなよく信從じて僅に一人のミ殘りたりしかども後には此者もよき信徒となり

喜びて永眠に付しといふ

教育及校事に關係りたる事情

其二

重に教師にかゝりたること及び

メレイライチンは母永眠りしを

おほよそ人々は所行を見るに己がために事となさんと謀る者は他を愛するの心に乏しく才能あればこれと遠ざけ善行あればこれを忌み人に對して嫌疑は心離るゝことなしかの英傑をもつて稱せられたるナポレヲンの如きも常に嫌疑の心と去ることあたはず死にいたるまで全く群衆に信任を置くことゝなさゞりき然れどもメレイライチンの舉動を察るに大にこれと反し毫も猜忌は狀情なく人に交接る時は常に信愛を先にしその身と衆人の具となせりもし彼に少しの名譽を懷ふの心あら

ばいかで斯る大なる功業を創立ることあらんや假にこれを能し得るもまた衆として聖靈は感化を蒙らしむることあらんや斯りければ爾來學校にてはたらくところの他は教師等もみなメレイライヲンは實情に感染し萬事も彼に標準を取りて教育せしかば隆盛無比の大盤石はソーフヘッドライの一地に屹立せりさる程に第二期年もこゝに暮れ第三期の開業となりにける偖この年は學校も增築して徐々その規畫を擴張せりメレイライヲンの事に關りてその身も甚だ繁忙ありしかども他の教師によき人を得たりし故にこの度は創業の時は如くにはあらざりきこのとき學校の聲聞あまねく諸邦に轟鳴しかば入學と乞ふもの續々たえざりければ室寮すでに充滿し增築ある毎に先を爭ふて來り卒業生ある毎に忽ちその員に塡つるに至れ

り斯るさまなりけれど第五年には二百五十八の生徒を入學せしめたりはじめ世人はこの學校を見て教科に心の學を主旨として聖書を研窮しめこれを他の學問の基礎となしたるが故にその望を屬ざるのみならずまた心に面白からぬ思を起したりしが爾來卒業生徒に活用きあるの結果を見て大に感嘆しはじめて有益の學校たるを覺りたりといふ是より後は以前に心に認めざりしものも力を竭して校用を助くるにいたりたりこの頃學校に教師たりし者は概ねこの校を卒業せし人となりたりしがメレイライチンおもひけるは此の校にある教師はみな神と共にはたらくべきものなれば殊さら和合して思を一途に灑がざるべからずと校の中にて別に祈禱會を設け授業向その他種々の事と祈りたりしがこれによりて云むく聖靈の著るしき

降臨を得たり或る年百八十八の生徒中六十六人は未だ神と信ぜぬ者なりしに僅に六人を餘してその他はみな信者となりしといふしかしてまたこの教師となりし者は最も學藝に練達し聊も教授にさし閊なき人を擇り抜きたればもとよりその任に適ひたるは勿論もなきことなれどもメレイライチンこれらの者にむかひ汝等只學術のみにて足れりとおもふなかれ人の心はおの/\異なるものなればよくその性質を辨識てこれに適ふ心の學に注意け導き進ましめざるべからずといへりまたメレイライチンこの人々に對する時は常に自ら姉の如き思ひをなせりされどもいか程繁忙あり何に程疲勞るゝ時もこの人々に接る時は禮遇を疎にせざりき又いひけるは己れもし不注意のことあらば汝等憚ることなく速かに教誡られよもしこれを

默々にせらるゝことあらば已が爲に大なる患なり且われのみならず生徒の爲に思ふこともあるもまたしかりと又かれらをしてひと〴〵を敬重せしめんが爲常に自ら先だちて何程卑賤しき者にもうや〳〵しく接りたり故にみなよく之を見倣ひ敢て人を輕蔑むるの狀はあらざりき若しまた生徒等の中に不品行のものあるときは之を誡むるに嚴しき語を用ゐず只温容を以て愛を旨とし徐にその非なるをさとらしむ然ども外にありては決して人の非をいふことなからしめたり一日某教師の擔任し生徒の中に放肆生あり某氏も幾たびとなく諭誡を加しかどこれを改むることなかりければ詮かた尽き今は耐え忍ぶの力なく己むを得ずこれをメレイライチンに謀し彼を校より放逐んとせりメレイライチンいひけるは實に理なりしかし彼は速

くより母を失ひ且つよき養育者もあらざりしかば斯く放縦になりしものならんその情實憐むべし然るを今この校より出る時は彼には放縦にしてまた身に一層の憂苦を釀すべし故によくこの事情を酌量して今暫く忍ばれよとてかれのために共に神に祈りたりこのときほかの教師もこの語を聞きゝ大に嘆服し常にこの心を以て生徒を薫陶しかば生徒もまたおのづから斯ゝる教師の恩愛に感染りて善道に導かれたりしといふ偖教師等は斯くの如きありさまにて校事に黽勉しかば如何に和せざらんことを希ふも決して得べからずメレイライチンもまた此等の人によりて助けを得相共に樂しく生徒を教訓しとぞ

この年メレイライチンの母病によりて永眠につきたり是よりさきにメレイライチンは母の病床に臥たりしことをきゝけれ

む學校を辭り母の許にありてその病を看護し種々治療を施したれども醫藥もその功なく終に永き眠につきたりきメレイライチンいたくかなしみけれども早その甲斐なく既にして學校に歸り從來の如く教授きたりその日聖書を讀む諸生にいひけるは己がはじめて學校を開きしより今に至るまで母は常にこれがためまた汝等のためには祈らぬ時こそあらざりき我はこの助あるにより大に力を得たりしがもはやその祈も絶へまたその音信もなく今は己が心に甚く無聊しき思ひをなせり去ながら己れなを一の希望あり即ち神の己れに與へたまひし汝等のみなる己が母の如き信仰を有ちて神の右の方なるかぎりなき樂境に進みゆかん事こそ己が尤も希望むところなりといふ偖メレイライチンは母は永眠をいたく悲しみけるが此かなしみ

によりてます〳〵人の哀と想像るの情にふかくなりたりこの時前に校に入學し人にて去ばしの間にその父と妹を失ひしものありし其のありさまとたゞ直に書と遣はしてこの人を招き互にその情とかたりあるひはかなしみあるひは相慰め同室にて共に日を送れり一日メレイライヲン此人にいひけるは互に親を失へりとのみ思へば實に憂悲の限もあらざれども互に親は神に愛せられし聖徒なりと思ふときは悲哀の中にもまた歡樂は思ひを生ずるなりと

教育の事情

其三外國傳道に關りしこと

聖書にいへることあり多く予へらるゝものは多く求めらるべし多く托くれしものより多く求むべし（路加十二ノ四八）と偖學

校もおひ〳〵盛大の姿とあらはしてこゝにまた大なるよろこばしきことを見るに至れりそはこの校にあるところの教師あるひは生徒たちの中よりきそふて外國に傳教をなさんとてこれらの人の出しことなり抑もこの學校の組織はもとより布教の目的なきにあらざれども啻に米國にのみ着眼て未だかくの如き大なる望のあらざりけれどこれらのためにその準備をもなさず故にこの事につき特に諸生を獎勵ざりき然れども人のために善を行ふことゝ傳道のためにも金銭を喜投すべきことは常も諸生にさとしゐたりそはメレイライチン平生いひし語になんぢら學校にありて教訓を受けしことは他日必ずこれを人に施すことをわするべからず去どもそのときこれがために人々より報を受くるの望とたもつべからずまた人の爲になすべ

き役事は神すでに汝等のためにその扉をひらきたれば憚らずしてその中に入るべし又その役事をなすにあたりては己のごとく隣を愛するの念と瞬時も忘るべからずまた美しき衣服と飾りながらレプタ二枚を納し婆に倣ふべからずまた菓子あるひは飾具のごとく別に益とならざる物には金錢を徒費すべからずたとひ僅たりとも寧そ道を知らざるものゝために投指せば却て喜ぶべき結果をみることあらんまた筆紙等の如き要品といへども價は廉なるがゆえに冗用すべからざるの瑣々なる費も暗き心を光明るき處に導き入るゝ用を帯しことゝ心に認むべしといへりこゝにいたりて毎月々傳教のため校内にあるものよりこれがために金を集めたりしが一歳中に出すところの金額は一千圓に滿ちたりしといふしかしこれ金額は強て出さ

しめたるものにあらず只爾等は價を以て買はれたるものにて(哥林多前六ノ二十)耶穌基督の寶血の暗きにありしものに及びしおとくその蹤を踏むものはもとより餘有は投棄べきことゝ彼等はみな喜びて出したるものなりこれより前にもメレイライチンいひしことあまおよそ傳敎のことにつきては只金銀を集めて助くるのみにて足れりとするものにあらず神もしこの道を開きたまへど汝等の中にも必ずその任にあたるものあるべしと實にその言のごとくこの時既に卒業生の中にて土耳其印度支那亞非利加等へ布敎しもの十人あまりありき然してこれらのものは一旦この校にありしもののゆゑ何國にあるも何日を經るもみなメレイライチンと母子の如くに其親愛と尽せりメレイライチンもまたこれと學校の子としてその信誼を失は

ざりき是に至りてその國々より各その地の風俗あるひは景況等を報し來りしかばそのはたらきの活潑にして且大なることによりて諸生等これをきゝて外國傳教に志すもの追々に殖ゑたりしといふそれ從來未だ斯るありさまとしらざりしかば遠き外國に航ることは難事中の最も難事なりと思ひしによりてなり爾來は互にその景況と往復してくわしく事情を知りしかば祈禱の會りには宛も世界中の人々のあつまれるが如くなりたりしといふ斯るありさまなりければメレイライヲンも外國傳教のことを最も至要のことゝなし大に心を用ゐたりしが外國傳道會社もまた學校の状況をきゝ傳道師派出のことに付ては大に力を副へたりけりまもなくして教師等の中にもおい〳〵と奮發してこれに役事くもののありたり然どもメレイライヲン

このことに付ては如何に學校の缺事を生ずるも少しも顧みざるほどに力をいれたりしといふ○此時學校の良教師なるフィスカといへる人ポルシャ國に傳教すべきことを望みたり今この人の出るは學校のために甚だ困却なることなれどもメレイライチンも否むさまなく彼の地にこの人を得ることに比ぶれば決して困却のことにはあらずといへり偖フィスカ氏は既にみづから志を立しかどもこの人にはなほ老母ありければ先づそのゆるしを得ざるうちは此望をはたすべからず故にメレイライチンは頓てフィスカと共に學校を出で晝夜兼行てその家にゆきその志望を老母に諮りたりしに母はもとより篤信の人なりければ此事の至要なることをよく辨しかども婆の身にしてもはや年も老たるが故にその愛する娘に離るゝことを心に

好まざりしかば一時に之を決斷すること能はざればよく熟考しかつ神の指示を得んと暫しの猶豫をこひたりけり此頃同國より某氏の婦夫共に同じくポルシヤ國に傳敎のため旬餘の中に發船すべきついでありければフイスカはもし母のゆるしと得ばこの人と同船せんことを思へりかゝる閙はしきことなればはやくもそのゆるしあることを希ひ居れり即夜母は悲痛ながらいろ〳〵思慮す中己れは母なればとて神より招かれしものを防遏すべきものにあらずと感じければ翌朝にいたりて二人にむかひ涙の袖をしぼりつゝ竟に娘の意に從へりといふ然るほどに出船の期いたりければメレイライヨン、フイスカにいひけるはわが汝に希ふことは只このうちとても學校のためには常に祈りを怠らざらんことをといひ既に分れたりしがなほ港頭にありて彼船の影の消ゆる迄之と眺め是よりボストンにゆき嘗に學校へ五百金を寄せし夫婦の宅に逗ること兩三日にして學校に歸りたりけるがその時すべてのものにいひしことに此度學校の中にてひとりのよき功勞者を失ひたりきうー彼なる汝等が爲めに祈りたりしがなる船中にありてもまたかくの如くならん彼かく汝等の爲に祈をなすも汝等の中もし自らの爲めに祈ることだになさゞるものあらざるやそれ祈禱は赤心を擴充して神の大能を得んと望むものなり然るをもしこの心なくしていたづらに神に求むるところのものはあらざるやといへり之より後はみな物事を思ひ出る毎に室中にてもかならず直に神と籲ぶに至りたりといふまたかのフイスカも既に大地の半を環り事なくポル

ジヤ國にぞ達きたりし爾來此地に於て大なる功德をあらはせり之によりて今になほ爾國の信徒は此人の名聲と稱せざるものあらず扠メレイライチンと常に外國傳敎のものある每に諸生を奬勵せしがこの時フイスカの事につきいひけるは彼はひとりの老たる親に分れて神のために遠き暗き處に赴けり今彼が役事を想像る時は我等故鄕にあるものは最も勞動かざると得ず汝等よくおもふべし金銀または身を盡すとも贖ふことを得ざるこれら信徒たるものゝ罪惡は耶穌基督の恩惠によりて救さるゝことを得たり之われらの最も大なる幸福ならずやそれ金銀は如何なる物と思ふや此世を去る時は必ず之を棄てざるを得ず斯るいやしき物なれども之をよく用ゆる時はまた天にたからを貯ふとを得べし又その身體はいかなるものと

思ふや本塵埃より造られ末は塵埃に歸すべき賤しきものなりされども神の印章を得て之を用る時はまた神を悦すべき役事をなし得らるべししかしこの二物のはたらきにのみよりて罪悪を洗ひ天にゆくべき功力もあらざるべしと○ある日道のとまに關して心のかなしきことを話しけるは神より恵をうくることゝ心の悲みと互に相關係して離れざるものなり然しわれ未だその理由を委しく原ぬることは能はざれどその實狀をみるに人は神の恵を受くるにあらざれば心のかなしみもあることなし何となれば總て憂ひ樂によりて知らるゝなりゆえに天國に旅立するのはじめはみな悲しみより起れりされども尚途中にても屢々かなしきことに逢ふことありといへりまた一日朝の會讀に創世記を讀みしがアブラハムソドムの爲に神を祈り

しことにつきていひけるは彼はじめ五十人と神に願ひしがおひ〱減して六度の後は僅に十人迄に希ひたり彼のありさまを察るに恰ど権衡の錘に異ならずといへりさりながらメレイライヲンの生徒の為に其心を砕きし情況と見るに彼等が神の恵と受くる前には常に自らその錘とならざるを得んや茲にこの年の開業には生徒の中にて信徒たるものはわづかに十四人のみにてその他はみな神を信ぜぬものなりしかばメレイライヲンは特にこれらのことと甚く憂ひ居たりけり然るに未だ一月を經ざる中その友に寄たる書とみるに概ねみな信徒となりしものゝ如しその書にいへるやうわれ前に書と汝におくりし時は恵の雲漸く蒸騰し雨滴が點々僅に痕と認るほどの景況なりしが既して驟雨大に降りしきり今に至りては之を受くるの

場もなき程に潤ふことを得たりさきにわがボストンより歸りし時ハ未だ神に望なきもの五十人バかりもありしに今ハ六人と除く外はみなよき聖徒となりたり斯の如く驟に大なる雨にあふことを得たれども未だ花卉の一枝だにも毀損ざりしかバ今ハ愛の光の輝きたる大陽にてらされてその生長を助け實によろこばしきこととなりきされども未だ嫩芽の時なればその培養かさに最も力を勞さるを得ず願くは汝も力を添へこれらのものゝはやく成木することを神に祈られんこととといへり

敎育の事情

其四　敎師より外國傳道に出し者の事情

さるに第五年期の開校にハ過分に生徒を入學せしめたりそもさきに募集る時定員を謬りしによりてなりしかして此年は生

徒等ミな學術に著るしき進歩とあらはせりされどもメレイラ
イヨンこれをミてよろこびとなさず嗚呼これハ皮相の隆盛に
して只これのみにてハ決して美華を發くことなしといへりそ
は只學術にのみ長じて全く神と信ずるもの多からざりしが
ゆえなりまたこの年の終に敎師の中三人傳道のために學校と
辭したりしがそのうち二人は宣敎師に嫁して印度國にゆき一
入は內國傳道のために勞動けりき而して未だその補缺者を得
ざる中ある敎師ハ支那國へ傳道のためにまた學校と出でたり
けりされどもメレイライヨンは困却のさまなく却りて之をよ
ろこびとなせりそは此頃內國傳道のために出でし所の敎師よ
りポルシヤのフイスカに寄たる書中に傳道のため學校にはじ
めて千金を出そことを得しよりこゝに二星霜と經たり此間處

く々に孤出しものは多くありしかども今また教師の中より某の三人は某地に傳教せり之は互に喜ぶべきことゝいへども尤もメレイライチンの身にとりて大なる歡びなりといへりこゝに前の四人に續で一人の教師また學校を辭して印度國に傳教せんことを希望せりしかして此人をメレイライチンの姪にて彼が最も親愛するところのものなれば流石のメレイライチンも今はこれを離るゝことを心によろこばざりき然れどもその美志を抑ふべきにもあらざればこの事を謀する時はつひに何をも言はざりき既にして姪に命て曾て己が愛好するところの頌歌數曲と朗唱しめたり是によりて胸次開豁て心に快樂と生せしかば潔くその希望と滿足せしめたりといふ是時メレイライチンある友人に送りたる書にいへらく嚮にわが姪の某を傳

道のため外國ゑ行きたゞ一人殘りしところの姪某もこのふびまた同じく外國ゑ赴かんと今既ゑ其の裝治となせり從來まの二人の姪の學校にあ里し時ハ大小の事みな彼等に委せて行しめたりしかバ身ハ大ゑ安かりしに竟に離れねバならぬ勢とゐれり今この姪の發程ゑつひてもわれ學校のためゑ憂ふるのみあらず肉情に於てもまた堪へざる所ありわれ今この悲愁ゐ逢ひ毛髮の白く化ると覺ゆるなりといへり斯メレイライヨンハ拙けしも是時その齡も稍く高く且つ多年の辛勞によりて身體頗ど疲弱と生しまた前日の勇氣ゐきと知るべし一日友人に語りけるに人生の壽命ハ之と一日に喩へて辨るべしされバわが齡も既ゐ午時と過ぎたり故ゑ已がなすべきハ業務もおのづから永からざるを知る加之氣力も凋衰て發音もまた全に用ゆべ

からず總て此業はおひくと難きにそゝめてこそわが久しく教授をなすべからざるは前徴ありといへりまた諸生に語りけるはわれゑむく汝等に告諭したることは中もし汝等は益となるゐとありと知らば必ず之を心に認めて忘るべからずこれ己が汝等に語ることは既に終らんとすればなりといふ○此後印度にある姪にはくりたる書ありいはくさきに汝よりおくりし書は數日前に着たりしがわれこれをひらくまも欣びに堪へず感涙にて紙面を濕せり書中に記せし言は常も忘るゝことをあたはず當時教會の牧師は一見せしのみにて他の人には未だ之をゑめさゞりきされば今や此節は學校も休業にて諸教師はな他へ散逸しかばわれも只一人學校に止まりぬ故に校事も萬事自らなさゞるを得ずされども生徒はなほ五十人ばかり逗留し

てみな温和しくよくわがために意を加しによりーも不自由もあらざりき故に身を閑しくも心は甚だ樂しめりまた汝の知るごとく會堂の椅氈敝敗ありたりしかバすなはち校内に在るものまたハ近邊の親しきものらと共に之を繕ひたりまた今ハ多くの工匠を傭ひて學校の處々毀損せし物を脩理しめたりわれこれらのことの全くれはバ他に休息せんと欲へりといへり爾後またれくりたる書にわれ前に汝と離別たる時ハ再び面をみること能はドと思ひしかバ甚く憂ひかなしミたれどもかくの如く互に音信を通ハすことを得れバ前の想像はいつしか消へ失せたりそも身をかく遠ふざかると雖ども心は常に祈りゐよりて交ハることを得れバなり(此頃は常に身の健康ならざるを患ふ思ふに少しく肺臟を痛めたりこそ汝に別るゝ時悲歎た

るによるならん）しかしわれらは互に日に天路を歩むものなれバかの城に近づくこととおもひこれにて大に心を慰むるに足れりといふまた｜フイスカ｜氏に遣りたる書にこたへ姪の一行につひてはもはや他より聞知しこととならん且つ此事に於て汝はわれに深き處ありしてとゝ思はるゝこともあらん然どもわれにも一は思望とてもあらざりきわれらは事は唯神は企てたまふこととなれバ元よりわれらは計畫べきことにあらずわれは只管神の旨に適ふ福音の傳播とのみ希ふなりそも萬事みな神に委ぬべきも當然のことなればなりといふ○倨前にもいへる如く當時にもかの五人の教師を減し且つ｜メレイヲイチン｜もその身體虚弱りければ爾來しばしの間も學校に於て授業の上に甚しき困難を譲したり然れども靈々なる上帝にして豈之を等閑に

看過すべきことあらんこの後メレイライチンのありし教會の牧師某は之を聞き聖書の授業を助んため常に學校に來りて己が任とせり又其の期年のはじめには未だ神と信せぬもの九十人ばかりもありしかど大に聖靈の降臨を得て幾程も經ざる中六十人はみなこれがために感動を與へられたりといふ斯て校內の事は漸く整ひ居たりしにいはゆる月も滿れば缺くるとは理は當に然るべきものかその後教師の中一人病に罹りて遂には永き眠につき尋て牧師某も亦病の褥に臥したりけりメレイライチン彼の教師の此世を辭したるをきゝいたく歎きかなしめまた然りながら此校にありしものは未だ神と知らずして死にしものなくみなよくその豫備をなせしものはみなり此後盛夏は休業中彼は牧師某もまた果敢なく永眠につきたり此人は學

校を起すははじめより殊更これがために周施尽力せし人にして當時學校は日に月に隆盛に赴くに從ひ常に欣喜は聲と絶たざりき是より前メレイライチン印度にある姪におくりし書に當今わが心悲しさの餘り一言汝に書き贈らんわが愛する牧師某は頃日しだいに天門に近づけりまた彼が臥褥になりしは六ヶ月前なれば汝は最早きゝしことならん爾來彼は病によりて説教はなさざるも安息日には必ず病をおして一度は會堂に昇りたりしが今は既にあたはずわれ彼に譯るゝことを思へば愁悲に堪へざるなりしかし彼は平常その服役を天になせし者なれば上帝必ず彼がためにその城門を開きて麗はしき宮臺を備へたりと信じて疑はざることなり故にかく悲しき中にもまた心を慰むことありといへり

教育の事情

其五　學校内部の整しこと及び生徒に永眠りし者のありし事

年ころにあらたまり舊き汚れも掃きまり凡てのことは新らしく榮ゆく隆世の光にて深山の雪もいつしか消へ萎み果てたる草木をも芽ぐむ長閑の時も來て今年は春は開業にそメレイライヲンは宿病もまた回春は良期を得て故事に異りて壯健なればゞ今は校事に力を竭し奮ふて諸生を勵ませしかば此期年の事業には大なる進歩を奏しされば〱聖靈の賜を得て靈學校技學ならひ馳せ徒に皮相の華美のことにあらざりしといふ○偖前にもいひし如く校の煩事も生徒の中より更互調達し來りしが當時生徒もおひ〱増殖して庖廚の構造向もこれがために甚だ

不便と生せしかバメレイライチン常に之と忖度し便利に改良せんとあれまでたび〳〵造作向をあらためたりしかど未だ衆人の意に滿たしめざりけれど後來生徒の煩事に關はることの中止にならんことを甚だ憂ひ居たり此年暑中休暇の間深思を凝らして遂に從來の構造と一變て更に之を造營せり是に至りて始て迂回事もみな簡便になすべく且灑掃の事も大に便宜を得たり是に於て教師をもしめすべての者をこゝに誘なひその順序を指示しいひけるはわが多年の焦心も漸く成就たれバ此上は人に委ね置とも懸念あることなし故にわれは今より思ひを授業にのみ傾くべしといひしとぞ此の時又久しく本校に從事ある教師某の病氣のためにその勤勞を辭しけれど是より後學校にある教師はみな青年の人のみとなれり故を以てメレイ

ライチンも身に一層の重荷を負ふことゝなれり然れども神もすべての事を便せんために特に氣力を與へたりけんその身いよ〱強健にして勇しく事を處たりき一日自ら異しみいひけるはわれ屢々勞事の將に舉らんとすることを思ひたりしに此頃は何事となすにもまた奮勵の思ひを生せりと○偖あの年は後は休業中他は教師等互に相もうりて書工にメレイライチンは肖像を描かさしめんがために彼を新納育に伴ない行んとせしにメレイライチンこれを謝していひけるもわが像を殘すことは左まで至要はことにあらざれば休業中と雖もうゝるものゝために時間を浪費すことを好まずとてつひに行くことをあさざどきこは教師等の厚意に悖れるにあらず唯將來神の爲に服役べき預備をなさんと欲しによりてなりすでにしてメレイ

ヲイチンは學校の補助員たりし某の家に到りてしばらくとゞまれりその後此家の妻ある人にいひしことに彼がわが家に來る時は常も數多の帳簿を携へ始終その事のみ談話となせしに此度の逗留中は只眞道の説話等にて帳簿のことにつひては僅に兩度話せしのみ實に從來の状情とは大に變りたりといへり

○この頃なりけるが一生病に罹りつひに校中ありて永眠しものあり此者は傳教師の少女にて遠國より來りしものなり當時メレイライチンの友人に送りし書の中にその状をしるせり曰く校生某はこのたび神の招きにより終に眠につけり彼は殊更兩親の愛せしものにして極て温厚の性質なりしが僅に七日のわづらひにより十七年を一期となせり彼の病につきし時直に之をその家に報せしに兩親は共に他出して在らざりしかば

親族の者馳せ來りて之を看護し死後は遺體を故郷に送りたり既して兩親も行旅中にその病報を聞きしかバその母ハ直に學校に馳せ來れり是時われ彼に逢ふて如何に慰めんやと大に憂慮せり然れども神ハそのいふべきことを與へたまひけん母ハ大に驚きいたく悲みさりしかど又よく之を理解たり去かして遺言ハなさゝりしやとゝとれけれバ一度兩親に見ゑんことを願へども既に耶穌に招れし故待つことを能ずといひまた耶穌の語ハ父母よりも我を愛するものハ我に適へる者なりといひつゝ次第に眠りハつきたりといへり是時メレイライヲン諸生と誡めけるハ彼の少女ハ既ハ天路に旅立せり神ハ必らず彼がためにその座を設けて待ちしならん汝等よろしく思ふべし人これこれ世にあるハ恰も朝露の如く頓て消滅んとするものなれバ

その期來るとも彼のごとく天城に登るべきため常にそれ準備をなさゞるべからずといへり是よりのちハ人命の定りなくかつ果敢なきことをしば〱生徒にさとしたりといふ○さる程にかの休業の期もみちて既に學校と開きたりしが凡そ二旬バかりを經て一人の生徒また病によりて永眠しものなりさて此人れ永眠しことにつきてハ學校れために大なる不幸を慝起そことゝもなれり今茲にその事情をわげんに初め生徒の病みし時ハ寒冒の如くなりければ平生の通り教場に出て勉強となしたりしが遽に劇發して丹毒病といへる類症に變れりしかして此病症ハ醫師の尤も難めるものにしてかつ他人に傳染る病なり是時メレイライチンも邪氣と冒きて臥蓐したりしかども彼の難症に罹りたるをきゝて大に驚き蓐と離れて彼の室にいた

り懇切に看護を加へかつ慰の言を聞かせ或は接近してその言んと欲することを訊ひたりきすでにして其の狀態をその親に報し且この翌日は米洲大學の祈りの日なるを以てその備をなし彼此と己が病を勤めて勞動し或は憂ひしにより此夜は安く寢ることをなさゞりければ翌る日は身躰大に疲勞て言ことをも好まざりしが一日を超てやゝ快氣なりしが此の日かの生徒の病いよ〳〵劇しく去む〳〵噡囈をいひしにより校内にあるものには益〳〵恐怖れ居たり此日朝の會讀にメレイライヂンは默示錄の二十一章を少し讀み（蓋し二十一ヨリ二十五迄なる歟）あゝ美はしき界なるかなその華は尽し難くその清きはいふべからず今われらの愛する友は將に此處に到らんとせり實に欽慕ふべきこととならずや去れども己れらは愛する小生等のため

に勞事くべき氣力を擲て只彼處にゆくことをのみ望まざれども ゝし召呼るゝ時はわれその處に行くことを殊に望むなり然し未だ神を信ぜざるものにして若しこの期來らば其の時にも如何なる望あるや必ず畏れをのゝくばかりならんとこれは信じたる故に身の強健なる中はやく救主を信じて此聖界に到らんことを念ふべしされどもたゞ此處に赴むかんと欲するがために神に從ふべからず神も元より聖く義しきものなれば必ず之に從ふべきは人たるものゝ當に務むべき分なればなりといへり又この日は午後は會集に諸書より採擇て神の畏るべきことゝ説き聞かせ尋でまたいひけるは凡そ信從たるものにして後來のことゝ思ひ過すは上帝を藐忽するものと異なることなしそも何事をもみな上帝の意旨によりて成るものなれば決し

てこれらの苦慮すべきことにあらざればなりわれら此世に於て畏懼るべきものなし只義務を知らざることゝこれを知りて行ふことを得ざることをのみ畏懼るべしといへり又この夜の會集に聖書をひらきて朗讀し即その中にいへる我儕これを知るわれらが地にある幕屋もし壞れなば神の賜ふ所の屋天にありて手にて造らざる窮なく有つ所の屋なり（哥林多後五ノ一）と未だ讀みおはらざりし時かの病生の父訪ひ來りしかば大に喜び直に起て之と伴ひ彼の室にもきたり時に處女は父の來るをみて欣ぶ色顔にあらはれしかど憫れにも一言だにいふことを能はざりき既にして彼は安らかに永眠につきたり是よりメレイライヲン彼が命の終らざるうちその親の來らんとを切に神に祈りをれと待たりしがついに神のゆるしを得て其恩を感じ

たり然ども是等の辛勞によりて其翌日寢室を出ること能はず黄昏に至りて少しく快豁と生せしかども偶まその從子某の死せし訃を得て此夜もまた晏寢とせざりき殊にこの人は未だ神と信ぜざりしかばその悲痛も尤も甚しかりき是より身躰は大に疲れ漸々衰弱て終には病の蓐につくことゝはなりにけり

第十一　メレイライチン病につきしより永眠りまでの事情附埋葬のこと

偖メレイライチンは種々の憂悶により体軀を安んずること能はざるに安息日と迎へけれども今は起て聖書と取るの氣力なく人として除々之を誦しめあるひは曾て愛好ける所の頌歌と唱はしめて之とききゝあるひはみづから聖書の中にて感じたる所を數句暗誦たりけりしかして此翌日に至りて苦胸ます〱

甚しく丹毒の病症となりけれバはじめて前に眠りしもの
ゝ病の感染しことと覺りたりされどもその病勢も彼が如く劇
症にハあらざりしも己に老躰となり且多年辛苦使せし身なる
が故にその害を受くることを嚴しかりけれバ何の醫師も之を診
察て治療の功なきことを認めたりメレイライチンもまた自ら
全癒ざることと心に悟りたりき然れどもメレイライチンはも
とより此世をさるを畏るゝが如き怯婦にあらざれバ自若にし
て少しも憂ひがましき色もあらざりけり然りながら爾來も臥
室に人々の出入するを忌厭ひ且看病するものもなるべく更ち
ざると希望たりこの後遺書すこともありとて筆をとりたりしが
學校のために一通を書終り次に其愛する甥のために書かんと
せしかど僅に一章をも書き尽さゞりきその時いひけるはわれ

神の役事をなすの外また全快を望むの心なし只何とも神の聖旨に適ふよう成りゆくことを深く望めりとてたび〳〵心の平安なることをかたれり後兩三日を經てその教會の牧師とその妻に請ふて之を臥室に招きたり是時牧師はメレイライチンのために聖書を讀み且つ神に祈れりその妻はメレイライチンの手を把りつゝ之を慰め復た面晤しことを欣べりメレイライチンはその厚情なることを謝しまた己が病の狀態を告げその回復の難きことを述べたりしがおりからその談話天國の事に及ける時あらたまりて二人にいひけるはわれ萬一彼處に入ることもありしならバ實に僥倖といはざるを得ず然しわれは一も功なきものなりわれハ一も功なきものなり然れども耶穌基督の寶血を流し我等の爲に罪惡を贖ひたまひしことはわれらの

最も喜悦ぶことにして幸福これより大なるものなしといひて長大息をなし又いはんと欲せしかどその病を護するものは衰弱の増さんことを恐れければ竟に之を言はしめざりき爾後病勢日々には少しく之がために大になやみ數〳〵正氣を失ひ譫言を發せしかど數日を過ぎてまた正氣に復したりすでにして側をさまこし待病するものにいひけるは己が心は愉快にて滿ちたりその樂しさは口舌に演べがたし且われかく危篤の病に臥にありしなれども學校の事を思ふ毎になほ勞動んと欲るの念慮は寸時も絶へざりき然れども今はなすこと能はず故に萬事を神に委托べしといふ此日適安息日なりしがその翌日は病勢いよ〳〵加はりまた譫言をいひたりしが折から牧師の來訪ありてその看病者に語れる聲を聞き精神また確になれり牧師

は直に進み接て救主耶穌基督と思ふや否と問へりこの時メレイライチン重き頭を擡げ纖き聲を發しこは尤至要なりといへり牧師また聖書の緊要なるところを摘て徐々と説きゝかせたりしが節々みな首肯きてよく認知せし狀貌なりき既にして牧師に語らんとするの狀態ありしかどもそでに衰へはてゝ今はまた言ふことあたはざりき牧師は之と察し慰めけるに口にいふこと能はざるも心に神と崇敬ることと得べしといひければ莞爾として憔顔に笑と呈しつゝ見るが中に死の蔭に遷りけり是時坐に在る所の人々その形態とみ其獨歩の狀なく基督と共にありしことをみなよく認めたりしが幾程なく死の河とわたり樂しき國にぞ赴きにけるこの時實に一千八百四十九年三月五日にして享年五十二歳なりき○然るほどにメレイライチン

は神に招かれてつひに此世を謝したりしが今その遺體を見る
に病中ながら〳〵苦痛を受けしゆゑ容貌大に憔悴しかどその柔
和なることは平常の如く只熟睡たるに異ならずといふ是時四
方より集ひ來りしもの雲の如く簇りその數擧て算ふべからず
朋友その他徒弟たるものに更る〳〵遺躰の周圍に聚り哀情嗷
々たりかゝるありさまにて三日を過し竟に學校の側なる會堂
におゐて葬儀を行へり時に司式者は義しき人の途は旭の如く
久しくしていよ〳〵光き日中に及ぶと（箴言四ノ十八）いへるこ
とゝ又義しき者の誌は祝を受くたゞ惡者の名は必ず腐れん（箴
言十ノ七）といへることにつきて説教の主題となし此日集る者
に演たりけり既にして典儀も畢りければ彼が十二年の間服事
て愛せし學校の餘地に瘞埋けり〇このときメレイライヲンと

共に學校に從事せし敎師等と彼の永眠りしことによりてみな大に力をおとし爾來學校を維持へることは是れらの及ぶべきにあらずといふにいたりしかば從來學校の爲に力を竭せし人々は敎師等の志の挫んことを怖れて相共に一層の力を副へ懇切に奬勵したりゆゑに葬日の夕にも各その妻をして敎師等と共に祈禱會を設けしめたりこの時婦人等敎師にいひけるはメレイライチンの終に瀕る時校事を神に委托せたり神は必ず彼の願ひをゆるし自今はあれがために助けらるべしとわれらは信ずるなり且又われらも假令ひ身は接ざるも校のため敎師等のためにともなほ須臾も注意を怠たるまじとてあるひハ慰諭あるひは鼓舞せしかバ敎師等は大に感じ我が能力は弱きに於て全くなれバなり（哥林多後十二ノ九）といへることを念ひ起し大

メレイライヲンの墓

に氣力を得て強き望をもち且神もまた常に偕にありしかバ爾來學校の盛大なることを少しも前日に讓るところはあらざりしといふ

附錄

本校卒業生の或る人々近來親睦會を開きしこと

メレイライヲン沒するの後凡そ三十年を過ぎし頃即ち今より數年前のことなりしが學校を距る四百里バかりの或る地に於て卒業生の有志輩親睦會を開きたりこは新舊の人々相互に當時の狀況を談し或は久しく面晤ざるもの或は未だ逢ざる朋に面て其よしみを篤く堅くせんがためなり期日に至たりて四方より來會れるものは三十三人また來會のできずして書を通せ

しもの四十人余なりしがみな各學校にありし時の狀況を記し示せり今其中の二三を擧て茲に記しぬ○ある人の報に己れメレイライチン師に離別しより殆ど四十年を經しがこの間日として彼が教を念はざるの時なし世途の旅路の艱苦をもこれがために助を得しこと計り知るべからずその益をなすこと實に廣大といふべしわれ今にいたりて到るべき處に近きたると知るされども尚ほ慰を得て身の助をなせりといふ○又某の報に遙かに思へば彼の學校の礎のありし時はわれ尚ほ幼なかりしかど衆に誘れて共にその上に登り之を祝せしことと今に心に記り漸く成年にいたりし時は既に隆盛の域に進み數多の卒業生は四方に出でゝみな世のために勞役せしと知れりわれ當時これらの人の言行を見聞する毎にことを欽羨て一日も早く入學

せんと欲るの心止まず然りながらわれは貧究にして入學すべきの資力なく且身は常に羸弱なりけれバ只管神にその道の開れんことを願ひたりしが幸に其頃メレイライヲンの姪なる某わが地の學校の敎師となりて來りまた幸にわが家に寓せしかバ漸く親みを得て常にわが志念を彼に語りたりしに圖らざりき一日メレイライヲンの許よりその道備りたれば速に來るべしとの報を得たり其後この事情をきくにメレイライヲンは姪よりの報を得てわが志をよみし數名の友人に請ふてその補助を得んとしたりしが此時わが入學すべきの資整ひしによりてなり是に於てわれその望の如く生命の最も貴重なる道を得しかバ欣喜雀躍直に學校にぞ赴きけるされバこそ資力の患は彼の惠によりて既に己の身と脫きたれどもなほ一の羸弱と家に

殘すを忘れしかバ入校の後とかくにこれが妨煩となせりあの時わがありし室は三層の中にありしかバ日々の昇降に常も半途に休息となしまた体操をなす毎にも甚だ身の疲勞を生じたり然れどもわれはこれがために特に憂きことゝもなさゞりしがメレイライチンは己に之を覺り室を己が側に更へまた体操の課をゆるし且日々運養のために十餘町の道と歩行とも除きまたわが勞とも思はざりし煩事の業まで裁縫の事と變更しめたりこはわが心臓を病みしを以てなり斯く意と尽て保護を受けしかども一旦損せしものは再び堅固になりがたく病勢の猖獗と鎮壓るの勇力なく遂には切望の道に歩ことを得ず遺憾にも退校することゝなれりこの時メレイライチン己れにいましめけるは汝の失望はわれよく之と想像りこかしわれ平生汝の身

體を察るに大なる服役を望むは却て神の旨にあらず汝が軟弱
の状は恰も嬰兒の如くなれど只匍匐して進行べしそは汝の虚
弱と強望とは耶穌基督のよく知りたまふことなればなりとい
へりわれ今になるや此語の耳底に衝鳴るを覺ふ爾來は其命に遵
ひ此世の旅路を匍匐行けり此間耶穌基督のために竭す所の微
小の勞事もこれがために大なる欣喜を心に得るに至れりとい
ふ○またある人よりの報にわれはじめて學校に入り兩三日を
過し頃樓上より何心なく故郷の方を眺めたりし折からメレイ
ライヲン此處を過ぎゆかんとして注目面を見つゝその手をわ
が肩の上に按き汝は母に逢ふことを希ふかといへり當時われ
己に母を失ひしかばそのよしを告げたりしに然らば汝は今よ
りわれを母と思ひ少しのことにても憂慮ある時は思ひのまゝ

をわれに謀れよわれ今より汝の母たらんと大にこれを慰めけりといふ○また某の報にしてわが校にありける時一日庖厨の事に關りたりしが此日音樂教師某もまた共にこの順番に當れりこの時かの教師は麵包を製へんが爲め粉末の入れものとみしに麥粉はもはや尽たりけれバ甚だ不平の色を發しその掛り人の不注意なることを獨語きたりしは麥粉のなきにあらずその傍には未だ口を開ざる粉箱數多にりしなり既にしてメレイライチン此處に經過り彼のつぶやける語をきゝ大噱して云けるはわれも未だ粉箱を開しことはあらざれども斯る容易きことは學バずとも能ことなるべしとて側に有合ふ鐵鎚を取り一刻て直にその口を開けまた笑ひつゝいひけるは汝これをみバ自今はまた難きこともあるまトとて他に去れり然どももしまと

他の者がなせしならば彼も大に恚むところあらんされどもメレイライチンは何事につけても愛情を失はざりしかば大な人の心として自ら懲誡を加へしめたりきといふ

第十二　創業より今日迄入學生の概算

偖學校のはじめてマサチュセッツに開けしより今日まで殆ど四十の星霜を經たりしかしてメレイライチンの服事し間とすなはち十二年なりき此間彼が學校のために計畫りしことは畧これと記載せしかど今また彼が期望の空しからざることを記んがためこゝに生徒の數の概算を擧て示さんとす抑もこの學校の始はさきにもいへる如く僅に八十人にてその中に滿ちさりしが爾來有志は恵投金を得るにしたがひ追々棟宇を構成しその規模を開廓になし漸くその志を遂て終に永眠につきたりしが

今に至るまで入學生の數は年を逐ふて增殖せりしかしてその數一定しものにあらざれば詳かにすることを得ざれども今一千八百七十六年までは數を平均する時は一年二百八十人の割ありまたこれを區別する時は左の如し

卒業の後本校に教師となりて二十年の間從事せしもの　七拾人

全く十年より二十年の間從事せしもの　貳百六拾人

全く五年より十年の間從事せしもの　四百七拾人

外國に傳道せしもの　百五拾人

他に學校にて教師となりしもの　一千七百餘人

卒業は後醫學を脩めたる者　二拾五人
卒業はみはもは　貳千餘人
偖これひと〴〵或は牧師は妻となる者もあり或は博士に嫁せしもあり或は農商に歸したる者もあり殊に爾後本校に摸倣て建しものもおひ〳〵ありしによりまたメレイライヲンと志操を同じくして勞動く者もありかくの如くその地位とその業によりて行ふところも異なれども神のために服役するに至りては少しも他物に妨害を受けしことはあらずといふ

附錄

亞非利加洲に摹倣學校の開けしこと

西洋の紀元一千六百五十年は頃和蘭國の商船夙に亞非利加の南頭海角を廻りて東洋と貿易の道を開きてよりこのかた此處

に往來するところの船は常に彼の海角なるケープコロニーの港に碇泊して薪水畜類の料を此處に仰ぎたり當時此地は未だ草昧に屬て人烟甚だ稀少なれども山水靈秀にして百菓豐熟し且つ氣候も中和して居住するには頗ど適宜れ地なり是より先きヒユグナートと名る一族道れために佛國と放逐されて和蘭に徙り在りしがこれ時航路れ開けしことを聞て此等の者三百人れ今や彼の商船に投て再びケープコロニーの地に轉徙り伐く棒營巣して漸一の境土を墾きたりその狀恰ど米國のヒユリタン族と異ならざりき是よりして荏苒歳月を經一千八百六年乃時にいたりて此地英國の屬地となりたりき此時にあたりて人く民は蕃殖或は四方より輻湊て此地に住むもの其數凡そ七十五万人となりたり然しそ乃中半も白人にして半も黒人なりきま

るに今を距ること十年前此國のウェルリングトンといへる市街
に公會の牧師をなせし人某氏ありこの人夏盛中避暑乃ために
或る處に行きその妻と共に消光しが此間にメレイライチンの
傳を讀み具に其事歷を知りたりまた前にこの夫妻も其愛子二
人を失ひ惘然として心情に甚だ閑寂おもひたりしが今メレイ
ライチンの事業を知りてより大に感奮しこれ全く神より吾等
に勞事べき時期を授與られしこととして欣々いさみて憂情を忘
れけりあるにれゐて夫妻は當時亞米利加にあるところ乃友に
書を送りてメレイライチン及彼の學校に關りさる書冊等を彼
地に搜索めて傳道んことを希ひたりけりすでにして友人はそ
れらの書冊及びフィスカ氏の事歷に關れたる書冊を集めて夫妻
の許に送りて來たれり是より後夫妻はます〳〵その志を立て全

國の處女のために彼に擬たる學校を起すことに汲々せりまた學校を設立るには組織体裁あるのみ制規等も詳ならざれば書を米國の本校におくりて卒業せしもの一人を此地に派遣られんことを希ひたりしかして夫妻は日夜祈禱と周施とにて一刻も身を休憩ざりき偖此書の本校に到達けるや校中にてはみなその志望を稱賛しかつ傳道のために一地を得たるを欣喜ければ頓く卒業せしものを招集くその事情を通してこれがために奮發するものを要たりしにこれに應ずるところのもの二人ありきしかしく彼よりの望は一人なりしかどもすでに二人を得たりければ遂に派遣すべき事に決したりそは學校にては彼地より需むる如く只一人を遣すことは誰もよきことに思はざりしかど今この二人の決心を起したりしも即神の注意ならんと

思ひたれバなり又これ二人も已等れ亞非利加に到るべく定りしも全く彼地れ者れ祈りしことを神れゆるせしもれあらんといひて大におよろこびたり此時學校よりこれ二人れ者と遣すべきことと夫妻に報告たりしが未だ此書れ着せざる前すでに夫妻も教師一人分の旅費として若干の金を學校に遣りたしけれバ學校にある者等れいふまでもなく當時米國にて有名なる牧師コリッツといへる人もこれを聞き稱嘆していひけるれ實に篤き信ある人哉未だ確報を得ざるに既に得たりとせしこのこと以て萬事を推すに足れりと偖また米國學校よりの書のケープコロニーに達るや夫妻もとじめその他のものれその望よりも教師の倍せることと見て大に欣び相共に神に感謝し尋でこれがためて大集會と開きたり是時牧師も曾て已が企圖の見的ま

たれメレイライイチン氏の履歴またれ仝氏の稗益を天下に與へしことまさ此地の處女のためにも斯る善き學校を起すにいたりしこともまた既に二人の教師の承認を得たること等と詳に辨説し終りて天と仰ぐ此地にある者のために望の如く善き學校を起すことを得させたまへと神に祈願れり是に於て有志の寄附金を募ることを議せしが素より此地は豪富もあらざる處なれども僅に一月を越ゑざる中に六千余圓の額に登りたり此中にも尤も稱賛すべきことも或る寡婦あり此人日用の資産を除て所有を尽く出したるその金額三百五十圓なりしといふまた前にもいへる如く此國は往古三百人のものよりたちしものなれば此地にすむもののみな相約して始祖のために紀念碑を建設んとかねてその謀ありしがつひにその費用を學校に混同てこ

れをヒュグナート校と名けたりそは學校は子孫の爲に大なる利益と與ふるものなればなり是に於て直に學校の建築に掛りたりしがまもなくして彼二人の教師は此地に着したり始め牧師某が教師と米國に聘せしより未だ一年を經ざりしに工事も意外に果取り二教師の着きてより四ヶ月の後開校するに至りたり○さて學校は既に落成しかば四方に報て年齡十五才以上四十才未滿の者を四十八人入學ることを許したりしかしてその科目もメレイライチンが始て校を開きたる時の授業と署相似たり既にして入學の生徒もみちければなほに學則を設けたりこの時教師等は生徒を集めていひけるに米國の學校にても毎日半時のあひだ諸生と各別室にわきて聖書を讀み神に祈ることをなさしめしなとなるが之は尤も至要のこととにして彼の學校

の隆盛になりしも大概その基を此時間にとりたり故に此校にもまた此時を設んとす然ども汝等をして強て祈禱と誦讀とをなさしむるものにあらざれバ各爲となさぬとは自由に委すと雖もその時間のあひだ別室にあることは必ず之を行ふべしと告げたり此後一生徒の從來神を信ぜざりしもの言けるに我もじめて此室内にいりし時はその靜閑なるにより心情おのづから肅々とし實に神の側にあるが如く陽にその聲を聞かざれども心の中にも神の我に命じて汝を我の子となれといひしことを聞きたり此によりて罪惡の滿ちたる我なれバ戰慄き直に跪き身も魂も彼に献しかバ今は此身も堅固となり大に平安を得たりといひしとまた彼のメレイライチンの時たび〳〵學校に聖靈の降臨りし如く此校も同じく大にその感化降臨を得たり

そは此學年の終に入學生にて神を信ぜざるものは一人だにあらざりしといふその隆盛なることを推して知るべし○抑此學校のひとたび亞非利加洲に起てより以來この洲の南方にその餘澤れひ〳〵と四方に擴充て今は既にこれに倣ひて建しもの十一校ありて諸處に散在せり又米國の女教師渡航して役事しもの三十八人あり然しその中二人は此地に於て永眠につき五人は故ありて本國に歸たれども其餘の三十一人は今尚此地に在て從事けりしかし此學校の中にて一國のために建築たるは只ヒュグナート校のみにて其他はみな一地方の爲に公費にて設たるものなり故にその造營修理はその地方にて擔任せしかども若し費途に不足るときはみな政府の補助を仰ぎしものなりといふ斯の如く教化の婦女子に行はるゝ所以を原ぬればみなメレ

イライチンの餘澤にあらざるものなし故に今茲に筆を擱に當りて再び彼が功績を述てこの局を結んそのはじめ彼のマサチユセッツに校を創立し狀勢を見ば素より彼に拔山倒海の大志あるを察るに足れりされども當時その妹にいひし語にわが行く先は暗黒にして見的と定ることと甚ぐ難しと雖も神はその暗處をもよく誘導くべしといへるは果してその語の如く神は彼を誘導きたるものゝ如しまたかの校を起すのはじめはメレイライチンの志も只一國は中に止りたりされども今にいたりて萬國の女學校はみな彼が神の惠を受けしことを証せざるものなく且彼が之を設立たる旨趣は只に貧賤のもののためになせしも今は己に富貴のもののにもその恩波を及ぼすものとなれり然のみならずメレイライチンは名のつたはるところは何の地を問は

ず女子教育の整備ざる所なしといふも決して過美の言にあらざるべし聖經にいへらく多くの人を教へて義に歸せしむるものはその耀き星の如く永遠にいたらんと蓋しメレイライヲンといへるもの歟

此講議はメレイライヲン女が毎朝學校の生徒に授けられしものを直譯せしものなり

聖書の勉強　メレイライヲン女の講義

人皆常に聖書を讀むの法を設けざるべからず之を設くるにも必ず年々に變ることなく持傳ふべき法を設けよ安息日毎には少くとも二時間も謹んで聖書を讀むの法を求め順序を逐ふて之を讀むべし斯く序を逐ふて讀むときも一の利益あるなり卽ち常に要事繁多なるか或は文業の爲めに暇なきか或も識慮深

からざる人などの爲に宜し斯すれば聖書を讀むを欲まざる心も制へうべし看よ我儕は聖書を讀む事の如何に鮮きぞや我等れ日毎に二三の章を讀むの時を得る能はざる歟願くは謹んで考へよ若し天より聲ありて爾來決して聖書を讀む勿れと言はど我等は如何なる感情を抱かん乎○聖書の言葉を諳記じ自から之を學ぶの法を設くるは人の義務なり汝が感ずる所の句節を善く且つ慥かに諳んじ句節を妄りに裁ち切ること勿れ若し全く之を諳ずる時は或は小兒と敎へ或は病人に聖書を聞かするに當りて輙く出で且つ必用なる程流れ出べし○聖書の言語は聖書の眞意と示すに最と適ひたる言語なり聖書の言語は他の書物に見ざる美妙と勢力とを有てりセーキスピール(書名)の如きも其傍に置くに足らず汝等は其言語と其眞理とを貯へ之

として數々熟考の題となすべし斯する十五年間なして聖書を讀み且つ行ひ得べきこと幾何ぞや聖書は盡きざる鑛山の如く我等悉く玉を掘り盡せりと思ひし後尚ほ最高價なる金剛石なるを見出すべし其歷史の部の如きは數々之を讀んで讀み過すことをおふざるべし是に就ては先づ三つの事を心に注む卽ちイスラエル人民は神告を受けし人民なり且つ之より我メッシヤ來れり且つ是敎會の基本なるとなりイスラエル人は歷史と讀むが如く能く別に人間の性情を知る道なし若し我等神の事と學ばんと思はゞ宜しく之を讀むべし若し我等の心中を省んと欲せば爰に能く書かけり○若し汝等詩篇及書簡を讀まば字毎に謹んで之と思ひ句毎に神に祈り或は聖書と開き之と讀み深く之を考へ且つ祈りて汝等心を樂ましめよ獨り坐して聖書

と讀み是に依りて喜樂と滿足とを心に感ずる人は是基督信者の證據なり數々聖書の句節我心衷を感動すの力あるは他の物の決して及ばざる所なり猶說教や教理の講義よりも深く我心を貫くが如し若しや聖書我國の學校に於て第一の位を占めなば如何に學術が近く其後を追ふも余は之を意とせざるなり

肉と靈の蒔種

靈に蒔種た己に克ものは大な其幸福を増し靈の進歩となすものなり然れども肉に蒔種き己を愛するものは徒管朽壞る者を刈る而耳斯世界に於て最も憫むべき者は則ち獨り己のその事と思ふて他人を顧ざるものなり今四方を回顧せば只己の安逸と榮譽と快樂と上達とを覓め私慾を逞ふせんと欲するものの幾人あるや若し其目的を達する時は凡ての能力を費したるが故

に聊か之に依りて得る所の幸福あるべし我等は宜く我が感情を廣く他人に及ぼし之と千方の河に流すべし然らば爾等己一己の心裏に潜よりも千人の心に住むは其快樂幾倍なる哉爾等は全心と擲て知何に己は多くの苦辛を受くるにもせよ私心と狭む事なく大なる盛徳の事業を他人の為すときは斯世に於ても尙ほ百倍の報を受くべし我儕は神の我等の為めに造り供へ給る凡ての幸福を受けて宇宙の人民に示すは我儕の義務なり然らば如何にして之と為すことを得んや只己と忘れ思考と時と問と感情と金銭を他人の為に専用して得べき事なり然る時は中心常に眞の幸福を味ふべし誰しも其全力を盡して人の為にするも基督が我等の為になし給ひし事には及ざるべし我儘なる事は其中に毒蟲を含みたり専ら己を愛する事は常に失望と來

たすなり〇我儘は我等の最も大なる讎敵なり我等は動すれば朋友の勸言に從ひ克己の最も少き道を撰び易き恐あり若や嬌妹や朋友の中に慈悲の業をなさんと欲して己の身の飾を捨る時は假令是の裝飾なくんば或は威儀を欠く所ありと雖も決して其意をして變せしむるなかれ人克己の思を有つも有たざるも之をなすを妨ぐる事勿れ若し克己は事をなさば人の願望の嘗て及ばざる甚大なる幸福を降すべし〇若し行に二の道ありて孰か踏で宜しきや疑はしき時は多く克己の難を含めるものと撰ぶべし然る時は爾等は其道は一層安全にして快樂なる道なる事を知り且我等の爲め己を捨給ひし御神に共なる事と思ふべし〇我等は聖書に於て數々安逸を求むべからざる事を警められたると見るなり即ち我等の生命は持ち物の多きに依るに

あらざるなりと我等は先づ始めに己の身を基督に捧げ而る後に基督に倣て四方に在る人々に善を盡すべし基督は嘗て己れ生活の爲めに所を求め給ひし事なけれども常に人の爲めになすべき克己の場合を求め給ひたり

儉約

大凡儉約とは僅の費を以て程好く物事を給へることを謂ふなり儉約の中には角から能き判斷の力と風致の旨とを含み大は宮殿の美妙なる彩飾よりして小は草蘆の簡易なる經濟に至るまで彰はれざる所なし若し世の婦女等にして儉約の妙を得たりしならんには家内の快樂と便益と雅趣と風致と教育と新歩と施惠と善行とは必ず甚だ大ならん我等の學校は儉約の點よりして世に知られたり然りと雖も我等が儉約を尚び且つ之を

爲す所以は儉約の爲めにするものにあらず教育は爲めに用ゐたりき蓋し儉約は大に人の品格は上に善き風動を與へ將さに世に出でゝ義務に當らんとするものには誠に要用なるものなり我等が大なる目的となす所は此學校を愈々善良ならしめんことなり夫れ儉約の性質は或はこれと規則に依り或は習練ともつて或は摸範と以て造り出すことと得べし摸範の有益なるや啻に之に僞ぶの爲めのみに止まらず復た之に依りて所謂る儉約なるものは現實實際に施こし行ひ得べきものたるを示さ是れ成功は爲め必然は要用なり若し若き婦女をして此主義の正しく且つ常に行はれたる家内と二三年は間昵しく交ふしめなば其有益決して少々ならず必ず永く保つことを得べし儉約は宜しく主義に基き嚴重ならんことを要す不意の場合に臨み

或は常ならぬ意思よりして之を行はんとするときは或は儉約を誤りて吝嗇の容をなすなり例之茲に一の貴婦あり惠を施さんことを約し依りて急に非常の儉約をなし其家來客を以て充てる時は僅かの光を點せざる時は必ず人之を以て吝嗇なりとせん若し然らば彼の婦人は必ず未だ六月を出でずして他の極端に走らん然りと雖彼の婦人にして通常儉約の法に慣れしならば必らず要用のところは全家を輝らし要用ならざるときは其光を消すべし眞の儉約は外飾をなさゞる慣習にして他人をして跌かしめず天の智慧に導きを大に基督の御教の爲となるべし我等之を行はば依りて以て數百の人に風化を及ぼすべし復た此數百の人は數千の人を感動すべし我等神の賜を濫りに費さば如何ぞ其惠を望むことを得んや○我等が最も儉約をな

すべきものは時間より重きものはなし且つ又た他人の時間とも甚だ謹むべし若き婦人等は他人の時間を妨ぐるの癖に陥ること至て安し而して遊びの日に於て其最も然り謹むべき事なり

時限を違へぬ事

物事を爲すに當り謹んで其時限と方法とを違へぬとは實に大切なることなり先づ何と爲し得るや及び何を爲すべきやと自問て後必ず之を行ふべし若し爾等僅かに一二分間の時刻を延引するの慣習を生ぜば習慣増々成長して遂に社會中の人は爾等を以て甚だ快とせざるに至らん然らば爾等人に捨てられ人に用ゐられず依りて胸中甚だ不幸なる感情起り啻だ僅かに暫時時限を違へるよりして自から果して基督信者なるやと疑惑と抱くとあるべし是に於てライチン氏は規則立たぬ時限と忽に

したる一家族の例と引き其狼狽亂雜れて時刻を得んと欲して求め得ざるの有樣を最も明白に述べられ且つ謂へらく我儕ハ謹んで小さなる借金と拂ふことを謹むべし蓋人の爲めに神に祈るに當て其十錢の借金と雖も全く心中より取り除き得べからざればなり○一の成すべきの事物若くハ義務起るときハ其時限の半分間前にも爾等其用意を整ふべし生涯斯の警誡を守り常に集會に行くに爾等の時限を謹むの風化を以て人と薫陶して善に導けよ我等能く時限を重ずるときハ大に人を助けるの扶助となるべし

　爾等何を喰れんと思ひ煩ふこと勿れ

我等ハ考ふべからざることを考へ我身の有樣や朋友の身上に思と焦し屢々甚だ樂からぬ感と引き起すものあり然れども我等

さへ恐なく頼まば必ず扶け守り給ふ所はものに是等のものと以て凡て任ずるの免を受けしは豈に幸ならずや限なき神様が我等の為に意と用ゐ給ふとは如何なる不思議ぞや然れども我等が之に身と任することを好まざることは豈亦之に勝れる不思議ならずや神様が我等は為に心と用ゐ給へど我等は決して哀しき思をなすべからず唯進んで我が義務を盡くすときは神様は我が未來の事と氣付給ふべし余は屢々思ふて爰に及び神即ち大なる神が我を守り我等が身を任することを好み給ふかなと云ひつ中心善溢るゝなり若し凡ての事暗く萬事曇黒にして永く續くとも吾等神に從はんことを欲せば之に任すべし爾等基督に屬せば此世に於て定確と安全なることを求むること勿れ斯くして耶穌は其子供等を其道に歩ましめ給ひしことなし我等は只ゞ

之に任すべし

爾等世に在ては患難を受けん

我儕が斯世に在て受る快樂と燕喜と福祉とに付ても許多の人正しく之を述べ盡したりと雖も倘ほ斯の世界は試誘と悲哀と患難の世なり我儕は多くは悪に壓へられたり加之又罪の重荷の下に苦むと雖も是等の悪しきことより救はるべき極助あり即ち耶蘇を視ることあり而して我儕耶蘇を視つゝ試驗より免されんことを希ふは甚大なる誤ありて試驗も我儕と我救主との間に甚だ樂しき同感を起すものなり既に羔の血に清められて樂しめる人々も亦た大なる患難より來りし者なり我儕は其紀果を好めども之を來たらす所の方法を嫌ふなり苟し基督と同感を有たんと欲せば我儕義務の道に十字架を荷はざるべから

ず敢て十字架と强て求めるには及ばざれども決して之を迴り道にして避くることを望むべからず基督信者の生活も喜樂の生活と云ふは只其一方のみを見たるものなり基督信者も苦み愈多きときも喜愈多きときも實に虛僞なるが如くなれども眞なり夫れ苦みには三種あり第一は罪の故なり第二も通常世俗の苦なり第三は義務の道を守るにより來る所の苦なり斯の最後の苦は此れ我等に大なる報酬を與ふるものなり我儕は決して基督の苦は最後の苦のみに止るとは思はざるなり基督の生活は絕へざる苦の生活なりき且つ我等の生活も斯くありと思ふて可なり○救主が「我儕と惡しき事に誘はせず」とて我等に祈る事を敎へ給ひしときも吾曹の弱きを丁寧に顧み給ひしことなり宜しく日々に主に我等を導き我が時間と能力とを試誘の

為めに費すことなく却て專ら之を主の勤に用ゆることを祈る
べし苦痛と患難より免かれんことと切願が如く快樂と安逸れ
惑はしに陷いらざらんことを祈るべし若し試驗に遭ひしとき
は果して惑の道に陷らざりしかと省るべし
　　聖旨に任せ給へ
我儕の禀性たるや強心欲あり容易に之を改むると願はざるな
り然し復た我等は頻りに心欲を神の聖旨に托せんとと願ふな
り世の父母等は其小兒に強き意志あるを見て是は甚しき凶災
なりと云ひ歎くもの鮮からず若し是果して惘愎なる意志あら
ば實に凶災と謂ふべし然し若し是剛毅にして己よりも高尚且
つ淸純なる者の意志に隨ふことあらバ大なる福祉なり小兒が
己の意志として其父母か或は其教師の意に任するとは數々之

百四十一

をして基督に導くの縁となるなり汝等若し父母の意に任すると為さば余は我神に謝せん汝等今爰に在り之を實際に行ふべき場合は至て少し余願くは汝等今聖書の斯一節を深く心中に貯へ後日に至り生涯之と行はんとを汝等思はざる處且つ汝等好まざる所に於て之を行ふべき場合に遭はん是最も家族中に於て然るなり若し家内中の一人吾が思の如くせず汝の旨に為し給へと云ふ者あらば家庭の不快は恐くは跡を絶つべし○我等は大事に臨み爰に神の手の指揮するを見るときは神の意に從ふ者なれども神意人に依りて顯れるときは我等之に從はざる者なり併し此決して為すべからざることなり天命は神意と顯し示すのみにして其聲を聞かしむるものにあらず故に汝の上に降るものは皆悉く神の命に依りて來たり神は啻だ其意と

汝等に示さんとて待ち給へば我儕は孩兒の如く神乃命の指す所に進み導かれんことを願ひ我等正しき快樂と所有とを捧ぐる心あらば嗟呼豈に樂しからざらんや我儕神の爲め健康と朋友を捨て尚ほ我惠笑を攪さざるの心あらば健康と朋友とを得て喜ぶの心豈大ならずや然ば我等の感情猶ほアブラハムとサラがモリヤ山に於てイサクを貫ひしが如くなるべし吾等の行ふべき所悉く神の意なるが故に之を爲し且我が所有る物も神の物にして假令我儕より取らるゝも神之を守り保ち給ふことと常に感ずるときは此實に幸福なりと謂ふべし

ライヲン女は小言

常に捷速にして狼狽へる勿れ○智識を求めて善と爲さんことを勤めよ○寧ろ道理に從て感情に導かるゝ勿れ○小事に非常の

感情を起さゞるやう慎むべし○各日の終に謹んで爾等の行を省よ○醜き面容となすなかれ○人の注意を引起す様なる事と爲さゞらんことと勤めよ○偏僻の性質を除くことを勤めよ○家内の勤務と行ひ之に練熟るべし○善を求めて善と行へ

賣捌所

『メレイライヲン一代記』現代語意訳

一八八三年（明治十六年）米国遣伝宣教師事務局[1]発行[2]
大日本国神戸印行印刷

はしがき

『史記』が「連城璧（あたひたかきたま）」として語っているように、十五の城と交換できるような玉（ぎょく）であっても、磨かなければただの石でしかないように、神から与えられた個性が輝くかどうかは、教育次第であるとは小さな子供でも知っています。常に向上心を抱いて生き、与えられた責務を果たしたいと皆が願っているのではないでしょうか。そもそも優れた人材は、励み、苦しみ、雄々しく闘った結果、世の役に立つ仕事をし、そのうえで見えざる神の御業に感謝し、人々を教え導こうと努力しますが、人はともすれば己の利欲や名誉心にこだわり、広く国家や社会のために果たさねばならない使命感というものに思いをはせないのが実情です。そのために、多くの人々は中途半端に人生を終わり、所期の目的が達せられないことが往々にしてあります。

徳の高い人は、正義を説くが利益を求めず、道を明らかにするがそれを手柄にはしないと先人の董仲舒が語っていますが、行うべき正しい道を歩まなければ、真の成功を手に入れることはできません。『孟子』に「天の理法に従う者は存続して栄え、天の理法に反する者は滅びる」と述べられているように、神様の教えに忠実でないような人は神の裁きを受けるのです。このことを熟慮してください。

さて、この『一代記』の主人公であるメレイライヌン氏は、貧しい家に生まれたひとりの少女でしたが、困難の中でも初志を貫き、女性の高等教育の場である学校を米国で初めて創りました。女性の手による学び舎は、かけがえのない個性を有する一人一人の女性が、神の教えとその生き方を充分に学び育つことが出来るようにとの思いから設立されたものであり、米国において今まで類を見ない偉業とでもいうものでありましょう。ああ、このような女性に対して、〝新時代の偉婦〟という名誉ある称号を与えたいと思います。

今迄に刊行されたメレイライヌン伝を『一代記』として要約し、日本の志ある方々に、その功績を示します。一読されて、メレイライヌンの真心を受け止め、今後の生き方に示唆が与えられんことを切に願います。

メレイライヌンは、一七九七年、つまり今から八〇年ほど前に、アメリカ合衆国の東部、マサチューセッツ州の片田舎に生まれました。大変に賢い少女で、幼い時から神様の教えに従い、行いを慎み、母の教えに従い、世の光として歩みだしました。

従って、『一代記』を著すにあたり、メレイライオンの母のことから筆を起こしたいと思います。

（1）アメリカの伝道会社のこと。アメリカにおける最初の超教派的な外国伝道組織。後に各教派の伝道組織が分立したことで、会衆派組織として日本においては組合教会を支援する。国内の先住民、アジア、中近東、アフリカに宣教師を派遣。日本には一八六九年にグリーン夫妻が横浜に到着し、翌年神戸で伝道を開始する。

（2）神戸市の七一雑報社は週刊新聞を発刊すると共に、もう一つの看板「米国派遣宣教師事務局」を掲げ、キリスト教図書の出版をしていた。

目次

【付録】

一　メレイライヲンの両親

メレイライヲンの母は人としての器の大きな信仰者でした。神の前に義しい人を神は愛してくださることを固く信じ、一族が神の恵みを受けるようにいつも祈る人でしたが、若い時は神を信じていませんでした。その頃の母の日記を紹介しましょう。

『ある夜、近所でキリスト教の集会があり、両親は参加したのですが、私は神様を信じていなかったので家に残っていました。父母は帰宅後、「今夕の説教によって、今まで神様を知らなかった自分に気づき、大きな喜びをいただきました。ちょうど同席していたあなたの友達も大いにその恵みを頂いたようです。今までも聖書のお話を聞いたことはありましたが、今夕ほど感動を覚えたことはありません」と、様子を詳しく話してくれました。その話を聞いて私はこの夜はじめて、自分が傲慢という罪に満ちていることを知り、救い主に頼らなければ幸いに導いてくれるものはないと深く思い、試しに神様に祈ってみましたが、神様はただ罪を裁く審判官のように思われ、安らぎは得られません。救い主は必ず私を罪の中から救って下さると信じて、真心から自分の欲である自分の心に向い、わが奥底にある罪悪の根を断ってくださいと祈りましたが、やはり罪の根を断つことは、世界を造ることより難しく思われ、自分の罪に押し流されるような有様でした。私は心から恐れ、神様を呼び、ああ神様、早く私を憐れんでください、私は今までみ心に反する者でしたから見棄てられても仕方がありませんが、どうかできることなら自分にうち勝ち、悪の根を抜き取る力をお与えくださいと祈りました。しかし簡単には確信は生まれず、自分の弱さを懼れるばかりでしたが、神様はこの祈りを聞き届けて下さり、ただ神様に頼らなければ本当の平安は頂けないと、次第に神様に頼り従う

ように なり、初めて大きな安らぎを得ることができました』

今この日記を読んでみると、神が特別に聖霊を降されて若き日の母を導かれたことがまさにその娘メレイライヌンの為の準備であったことがよく判りましょう。

母は一九歳でアロン・ライヌン氏と結婚しました。この夫婦については詳しいことはよく分かっていないのですが、神に仕え、熱心に倦むことなく働き、富も与えられ、神は数人の子を二人にお恵みになりました。一人は神の許に召されましたが、また一人が与えられ、これがメレイライヌンでした。夫婦睦まじく過ごして一九年、メレイライヌンが六歳のとき、アロン・ライヌンは、病気で神の元に召されました。(1) アロン・ライヌンは召される一日前から、ただ聖書の大切な箇所を読み、ひたすら祈りをささげていたそうです。召される直前、妻と子供と八人を側に座らせ、今より後もこの者たちをお慈しみ下さい。又互いに愛することをお教えください。御聖旨(みこころ)にかなうならば、この子たちを養い育てる道をお与えくださいと祈り、自分の死後の思い煩いは全く見られませんでした。従ってアロン氏亡き後、母一人の身で、子供たちが邪悪な世の中から身を守ることができるように教え育てることは大変だったでしょうが心迷うことなく、日々怠らず聖書を読み、聖書の教えに従って日々を送ったので、子供たちともどもに険しいこの世の旅路も心穏やかに歩むことができました。

さらにアロン氏は妻に向い、この世を去るにあたり心残りはないが、ただ、夫として道を尽くすことが出来なかったことだけは申し訳なく思いますと言ったので、妻は驚き、それは私がお詫びすることですと返したのですが、彼は頭を振って、あなたは露ほどにも謝るようなことはありませんと言ったそうです。これを聞いたある人が、夫婦は言うまでもなく一体ですから、何で互いに詫び言を言うのでしょうか。これでは親しみの情が薄いのではないでしょうかと言いました。決してそうではなく、両親は互いに誠意を尽し、夫婦としての道を尽くしたのだと思うべきです。

（1）父が四五歳で死亡した時七人の子どもが残されたが、末娘は一歳と四か月だった。

二　母に育てられた山村での少女時代

メレイの母子が住んでいた家は、[1] 山深く、人目を喜ばすほどの絶景の場所でしたが、痩せ地であったので一生懸命働いてもその収穫は少なく、苦労の多いところでした。[2] しかし母は努力して励み、心を込めて働いたので、わずかな収穫でも生活するに充分でした。生活が慎ましく堅実で、他の人が真似のできないようなものであり、家族の衣類、食べ物などは、すべて母の手作りでした。その様子を書いてみましょう。

麻を栽培して夏の衣服にし、羊を飼って冬の服を作るのです。麻は打ち、晒し、梳き、羊の毛も刈り、紡ぎ、織りなどして、すべて家の中でその仕事をやりとげ、他の人に任せませんでした。布を染めるのに、草木や果実を煮てさまざまな色を生み出して染料にします。その衣類は見栄えがするとはいえないものでしたが、子供たちはみな母の苦労を思い、決して粗末であるとは思いませんでした。靴は家畜の皮を使って作り、飼っている牛の乳からはバターを作り、それを売って必要な品に換えました。秋が来れば、野菜類を囲いに蓄えて冬に備えました。さまざまに気を用いる姿は、ちょうど聖書の列王記上一七章にある、エリヤに会った寡婦（やもめ）が、なくなることのない糧を与えられたようであり、この家族も暮らし向きに不自由することはありませんでした。しかも母が貧しい人を助けているのを近所の人が不審に思い、夫のいない身で大勢の子供たちを育て、なお他の人をも援助の手を差し伸べているとは、何と大変なことでしょうと母に問うたのですが、母は、確かにおっしゃる通りですが、人が暮らし向きに満足するか否かは、生活の節約如何にかかっています。人が節約に努めれば、物に不足や心配はありません。神様がすべての物をお与えになり、人はこれを受けて生かす能力があるのです。意味もなく神様からの賜物を無駄にするのは、情けないことです。節約や、欲望の抑制によって人への施しというものが出来るのではないでしょうか。でもみなに知られてしまって、恥ずかしいですと応えました。

母は、生計のみならず、子を教え育てることにも心を尽し、決して怠ることはありませんでした。朝に夕に、子供たちと必ず聖書を読み、信仰を語り、自分たちの行いについて言い聞かせ、将来を誤らないよう、常に神に祈っていたので、子供達は、礼儀正しく、成長し、皆善い信徒になりました。

メレイライヲンが一三歳になった時、母は一番上の子供に家を任せて、末の子供二人を連れて再婚しました。(3) メレイライヲンは母との別れを悲しみましたが、義父となる人は大変慈しみ深く、どんなことでも親切だったので、かえって自分は幸いだと思うようになりました。そしてメレイライヲンは、聖書の《主は、寄留の民を守り、みなしごややもめを励まされる》（詩編一四六編九）を思い出し、ますます神の恵みの豊かなことに感謝しました。母が心こめて育て、残して行った作物を引き継ぎ、メレイライヲンもこれらの一本の枝さえ枯れることなく成長させました。

大学創設後、学生の親たちは、メレイライヲンの、学生への具体的且つ丁寧な教え方とその思いとに傾倒したのですが、この根本に、母の田畑での教えがあったといえるでしょう。当時メレイライヲンが学生に、メレイライヲンの母が若かった頃は、女性の為の良い学校や書物も十分ではなかったにも拘わらず自分が母ほどには至っていないこと、女性としての第一の務めは、家をしっかり治めていくことであり、そのためには読書が大切であるが、数冊の本を読むより一冊でもその大切なポイントをしっかり身につけることが肝心であると、話したことがあります。確かにメレイライヲンの学問は深く、母と比べれば数倍も越えていたかもしれませんが、まだ母の高尚（けだかさ）(4)にまで至っていないと自覚したに違いありません。

（1）家はマサチューセッツ州西北部のバックランドにあった。当地方ではキリスト教は会衆派が中心だった。
（2）家にあるのは、聖書一冊だったという。貧しいながらも皆で力を合わせて暮らした夢のような日々であったと回想している。
（3）姉たちもやがて独立し、一七歳で自立する必要に迫られてくる。
（4）「高尚」という言葉は『一代記』のキーポイントである。

三　メレイライヲン小さな塾を開く

メレイライヲンは母と別れ、兄たちと生活をすることになりましたが、母と一緒にいた時とは異なり、兄に深い情愛を感じました。二年後、メレイライヲンが一五歳の時、家事を引き受けて、兄より月々四円の報酬をもらいました。僅かなお金でしたが、自分の働きで初めて手にしたお金だったので、たいそう嬉しく、大切にしました。

この頃兄は妻を迎え、ともども仲良く過ごし、しばらく同居していました。この一家の睦まじさは、すばらしいものでした。メレイライヲンは後に、『家庭とはお互いに睦み親しんで、日々を送って行くものです。家風とはその家のよしあしの型のようなもので、どんなこともここから生まれるのですから、各々自分を顧み、心して不徳のないようにしなければなりません。もし一人の慾に惑わされて、互いの信頼を欠き、互いに疑ったり、憎み合ったり、恨み心を抱いたりするようになったら、家族の崩壊はどれほどか判りません。そもそも人は情欲を貪り、ともすれば罪を犯しやすいものです。自分に勝つ心を決して忘れてはなりません。考えてみれば、女性の徳は家族に和らぎを与えることです。そして神様はその家庭を恵み、幸いをお与えになります。このように互いに睦みあい、幸いの中に身を置き、天にある御父の懐に入ることが出来れば、このような嬉しいことはありません』と語っています。

一七歳の時、家の近くに私塾を開くことになり、生徒の家を廻りながら教える日々を過ごしました。当時アメリカの一部では、授業料を払うのではなく、先生に数日間逗留してもらい、寝食を共にしながら、勉強を教わるという風習(1)があったのです。メレイライヲンは五日ずつ順番に家を廻り、生徒の家で勉強を教えていましたが、時に、彼女に教わることが煩わしいと思っていると感じられるような態度の家があると、すぐさま他の家に移りました。多くの家庭からの要望があったからですが、生徒の家では、家事についてもためになることを何くれとなく教え助け、家族の知らないことまで丁寧に教えたりするので、どこに行っても喜ばれ、続いて逗留するよう請われたりもしました。このように、メレイライヲンはただ生徒だけではなく、その一家にまで良い感化を与えましたが、彼女の望みは高くこれで満足せず、いつも自分の勉強不足を心に留めていたそうです。後に大学にいた時、学生に言ったことがあります。

『卒業してから学校で働くことになった時、望みどおりにならないといって志を挫いてなりません。ただ、耐え忍んでいれば、必ずその望みがかなえられる時があるでしょう。俸給の為ではなく、ただ、人の為になることをなさい。どんなことでも己の為にだけのことならばそれは、一時の利となることがあっても、まことの益とはなりません。さらにそれは、天にあっても大きな報いとなるでしょう。私がこのようにいうことは、学校で働く人にだけいうのではありません。たとえどのようなところでも、どのような仕事をする時にでも、落胆せず心を尽くして働けば、必ずその志は叶うでしょう。また、教師になろうと思う人は、すべてのことを自分の身に受け止めて後に、人に与えることが大切です。生徒を自分の権威に従わせようとするのでなく、むしろ慈しみをもって従うよう導きましょう』と。

このようにメレイライヲンは母の感化を身につけ、目上の人には敬意をもって従い、神には信仰をもって仕えました。そして自分の欲や好みに左右されず、どんなことについても、清い心で喜び楽しみながら、働いたということです。

（1）寄宿たらい回し制と言い、週に七五セントの報酬であった。

四　中学校入学

二〇歳になったメレイライヲンは、故郷を出て、ある中学校[1]に入学し、勉強を始めました。

さて、故郷での教会堂でのこと。ある日年配の先生が、『神様の性格』という題で説教をしました。終わって、感謝の祈祷を捧げて後、再び会衆に向って、「私の愛する友よ、もしあなたがこのような恵み深い神様を愛し従うことを知らないならば、本当に残念なことです」と言って手を挙げ、「神の恵み、イエス・キリストの愛、聖霊の交わりが、常にあなたがたの上にありますように」と祝祷を捧げました。メレイライヲンはこの日の説教に強く心打たれ、帰宅するにも混雑を避け、わざと遠廻りして寂しい道を歩きました。そして、幼い時に、父母が神に仕えていたこと、すべての子供の為に祈っていたことをしみじみ思いだしました。神の御愛を知り、神はまことの父であることに気付いたのです。家に帰るとすぐ、「ああ父なる神様、どうか私をお導き下さり、私の行なうべき道を示してください。永遠(とこしなえ)にあなたと共にあらせてください」と祈りました。

その後もあの日の感謝の祈りを思い出すとそれが昨日のことにように思われ、それまでも篤い信仰があったかもしれませんが、あの時こそが最も神様を身近に感ずることができたのだと思い起こすのでした。古い自分は死んで新しい命に生まれ変わったと、自分の身は神の前に捧げたものと真剣に考え、世のために働こうという望みを高く抱くようになりました。

中学校在学の学資も他人に頼らず、勉強のかたわらに職人の元に通って働き、若干の学費を得ました。他の人に比べれば、勉強する時間は半分もなかったのでしょうが、夜も昼も精を出して励んだので、成績はいつもクラスの首席でした。それを不思議に思う者がいて、職人に、メレイライヲンはさぞあなたの仕事の役に立たないでしょうと聞いたところ、他の職工よりも、いつもたくさんの仕事をこなしてくれますとの答えが返ってきたそうです。

こうしてメレイライヲンは、この学校を卒業して学校の教師となり、節約に努めて蓄えを作るとまた次の上級に進学しました。メレイライヲンと一緒に入学して後に教師となった人が当時を思い出し、メレイライヲンはなりふりを気にせず、身につけるものは皆手製の粗末なもので、いつも心を学問に向かわせており、勉強が不十分な友達に気付くと自分の罪のように思い、一緒に進級できるように助け、持っているものを欲しがる人がいれば、誰にでも悩まず分け与えたこと、このため彼女と交わる人々で、その優しい人柄を慕わないものはなかったということを、語りました。

（1）サンダーソン・アカデミーといった。

五　高等学校入学

このようにしてメレイライヲンは、数年間熱心に勉強し、倹約して蓄えたお金ができると、さらに高等学校(1)に入学しました。この時二四歳でした。この学校のある先生(2)は、うわべだけではなく、生き方の実際を大切にして教える人として、とても有名な人でした。当時アメリカのような国でさえ、女性は学問をする能力がないといって、男性と同等に扱いませんでした。女性もそれを当然なこととして甘んずるところがありましたが、この先生はこのような悪習を改めようと願い、女性も男性と同じ能力を持っていることを教え、知識を向上させ、自分を低い者と考えないよう指導し、自身も女性に対して見下すような言動を決してしませんでした。メレイライヲンは、この先生の薫陶を受け、自分の望みを据え、ますますその能力を伸ばし、思いを高くし、勉学に励みました。そもそもメレイライヲンがいう男女同等とは、男女がその力を競うのではなく、ただ、天が人に与えられた能力を磨き、その価値を実際に表し、女性だけではなく男性へも互いに人間として良い感化を与え合うということです。理屈をこねて主張するのでも名誉のためでもなく、女性の務めるべき本来のものを取り戻すためだったのです。

メレイライヲンは学校に、わずか六カ月在学しただけで学資を使い尽してしまったので、やむを得ず前に働いていた学校に戻り、再び教壇に立つことになりました。高等学校でメレイライヲンを教えた先生は、多くの生徒を教えてきた中で、メレイライヲンほどに人の心を推し量れる人はいなかったと、彼女の教師としての深い思いを学校で生かすことができなかったこととして辞職を惜しみました。メレイライヲンも、これまで多くの先生から多大な影響を受けていましたが、人の為に働くことを身に付けたのはこの先生の薫陶によるものであり、人の為に良いことを与えるのが学問だといつも教えて下さったと先生の気持ちに応えました。はじめメレイライヲンが高等学校入学を志した折、友人は、学問はもう十分なのだから入学は必要ないと助言したのですが、一方母は、満足するそぶりなくその志を励まし、入学を勧めました。そこでついに入学を決め、心を振い起こしました。前にもいったように、この時メレイライヲンの学問は、母よりはるかに進んでいたのですが、母の見識はこのようなもので満足するものではありませんでした。もし普通の母であったなら、この時のメレイライヲンの進学はなかったでしょう。

（1）バイフィールド女子アカデミーといった。
（2）エマーソンという先生。

六　社会のために働くことを決心

メレイライヲンは、高等学校を卒業してから六年間、ある学校[1]で女子教育にあたりましたが、これより少し前、兄の家族と共に、故郷から西へ約六〇〇キロメートル離れた地に、一家で移りました。この辺りは人家が少なく、子供を教える人がいなかったので、兄はこの地の為に子供たちを教えるように頼みました。メレイライヲンは、兄の求めに喜んで応えようと考えましたが、親族と離れるのは寂しいと思ったものの、このような小規模の場所での働きで終わる人ではないという友人の忠告によって、兄の依頼を果しませんでした。メレイライヲンは、身内の願いを忘れませんから、兄弟の子女を高等学校へ入れたり、また自分が開いた学校に招いたりし、世話をしました。それだけでなく、自分の若い時の経験から、学問へ進まない者も思いやり、面倒をみたそうです。この頃、姪の教育を頼まれて、メレイライヲンがその返事を書いたものがあるので、それを書きましょう。

『初め自分の一族に学問が必要であると望んでいたのは、その子達が世の中で地位の高い人になるようにとの願いからでした。しかし今思うと、それは大切ではなく、よくよく世間の様子を見れば、人の為に働く人がまことに少なく、中でも女性の為に働く人はなきに等しかったのです。このことは先延ばしできません。最も大切なことは、このような人物を養成することです。私の愛する姪よ、あなたが私のところに来るのを望むなら、仕事をする上での技術として学問が必要なのだということを知ったうえで来て下さい。私はあなたの望む学校に一年二五円の授業料を納めましょう。その代りに、ヘブライ人への手紙一三章一六節にある《善い行いと施しとを忘れないでください。このようないけにえこそ、神はお喜びになるのです》との聖句を心に留めてください。神様が与えて下さったあなたの道にあなたが進むように願っています』。

この頃、メレイライヲンはある人から結婚を勧められました。夫となる人は財産もあり神への信仰もある人だったので、皆が良縁だと思ったのですが、独身で働くことを神様より命じられたと思っているといってこれを断りました。その後も時々、結婚を勧める人がいましたが、すぐに辞退したそうです。こう決心した理由は、この頃女性の為に働く人が少ないことに心を痛めていたからなのです。もしもメレイライヲンが結婚していたら、健やかで長い人生を送っていたかもしれません。しかし、今日の結果を見ることはなかったでしょう。ただ女性教育の足りないことを嘆き、自分の安楽も忘れ、進んで艱難を喜び、働きに精を出し、このような状態が早く改められるよう願っていました。

（1）一八二三年にアダムス・セミナリーの補助教師となり、一八二四年以降はサンダーソン・アカデミーで教えた。

七　教育に専念

前にも言ったように、メレイライヲンは六年ほどある学校で女生徒を教えていました。この学校に初めて来た時は、生徒は五〇人くらいでしたが、この人たちが真の信仰をもつように深く望み、いつも聖霊の与えられるよう祈りました。力を尽して教育に励み、強い信仰と愛をもって導いたので、次第に生徒の中に神の教えを聞くのを喜ぶものが出てきました。それだけでなく生徒数も増え、彼女が学校を辞める頃には九〇人にもなり、皆良い信徒になりました。

ある時、遠い地方から来た一人の生徒が、故郷が懐かしくていつも不安そうな様子だったので、メレイライヲンはこの生徒のために心を痛め、平安が与えられるようと心をこめて祈り、胸にある思いの何でも話すようにと語りました。彼女も気付くことがあったのでしょうか、胸の曇りは消えたのです。

また必修科目を嫌がり、自分の好きなものだけ教えてもらいたいとか、暗算の練習はもうできたとか、子供のするような勉強は受けないと言いだすものもいました。それに対してメレイライヲンは、言うことはもっともかもしれないがしばらくは辛抱しなさい。やりたくないと思っていても実際やってみると、やめる気持ちにはならなくなるかもしれないといったこともあります。メレイライヲン先生から教えられた聖書は、特に感じることが多く、一度聞いた言葉は何日経っても忘れることがなかったと喜ぶ生徒達もいましたし、その教えがあまりに真理に基づいているのに驚き、先生の持っている教科書にそのことが書いてあるのかと不審がる者もいました。その教え方が深く丁寧で、心に響いたからではないでしょうか。

出エジプト記三章一一・一二節を読み、人のために働く者に、神はその準備の仕方を教えてくださるのだと説いた記録があるので、その大略を書きましょう。

『モーセは、義父の羊の群を導いて広い荒野を進み、その奥にあるホレブ山という神の山に行きました。その時、主の使いが棘の中から炎のようにモーセに現れました。羊飼いという卑しい仕事をしていたモーセは、後にはイスラエルの民をエジプトから導き出す指導者になりましたが、この世で大成功するものに、神様はあらかじめ準備期間を用意されるのです。神様の御心は人の考えとは違う用意をして下さるのだとこのモーセから学びなさい。四〇歳の時初めて寂しい荒野に出て、さらに四〇年間荒野で試練の時を与えられたのです。人知であればこのような廻り道はしないでしょう。モーセがイスラエルの大勢の人をエジプトからカナンの地へ導きだすという大事業を、神様は地味で賤しい牧者の道をお与えになることによって、謙遜な心をもってさまざまな方法により大事業のできる、心から柔和なモーセに成長するようにと、四〇年の歳月をお与えになったのです。若輩者のモーセもこの後イスラエルの人々の導き手と呼ばれる大きな働きを実際に果しました。荒野で水が湧き出し渇きを癒やした奇跡も、以前にへりくだった心で義父の羊の群れに水を汲み与えた経験があったからではないでしょうか。神の幕屋を作ろうとした時、イスラエルの婦人たちから捧げられた織物や糸を見てその労苦が判ったことも、辛酸をなめた体験があったからではないでしょうか。シナイ山頂で、神様から十戒の石板を授かったことも、山の中でいつも神様に思いを馳せていたからでしょう。改めてこの一一・一二節について、充分にあなた方に説き教えることはできませんが、モーセが神様に導かれたことは、彼にとって本当に幸いだったと思います。このようにあなた方の誰かが、もし大事業を起こそうと思った時、何かの障害に出会ったり、また資金が少なくて望みを遂げることができないこともあるかもしれませんが、どうぞあなたの志を捨てないでください。その時は、神様からその事業は、自分に与えられたものと思い、忍耐してその時期をお待ちなさい。荒野の中にあっても決して怖れないでください。その場にしばらく留められることがあっても、寂しく思うことはありません。神様はその事業について、どのような準備が必要かよくご存知だからです。思い出してごらんなさい。カナンにイスラエル人を導いた人ダビデは、以前荒野で羊を飼っていた人です。イスラエル王となって、人々が最も心打たれる詩を書いた人は、昔、貧しい羊飼いであったのです』。

　この頃、学校に一一人のすばらしい信仰者が生まれました。この人たちは、いつもメレイライヲンと特別に祈祷会を持っていました。生徒は彼女の教えに励まされて熱心に真剣に、学問を深めたので、信仰についての学びを忘れることがないかと一時心配したほどでしたが、メレイライヲンは、皆ともどもに、聖霊の助けが与えられるように願いました。神は時にその力を現わされ、これより後、全生徒がよき信仰者になったそうです。メレイライヲンは、生徒の父母に手紙でこの様子を書き、この恵みが衰えないようそれぞれの家でも怠らずに祈るようと願いました。このすばらしい聖霊の賜物をいただいて信仰の道が開かれた人たちは、学校だけにではなく、卒業したのち各地で祈祷会や教会学校を開きすばらしい働きをし、牧師や伝道師のために大きな助け手となりました。卒業して世に出る生徒を前にして告げたことを書きましょう。

『今、別れるにあたって、私は皆さんに言いたいことがあります。これからは、あなた達のこれからの人生の付き合いに於いて相手が、身分が高かったり金持ちだからといってあなたの意を曲げて、真理に反することがあってはなりません。何を行うにも、初めにそれが真理にかなうことか、または欲望にひかれていないかを吟味してから行動しなさい。神学を学び、伝道しようとするときは、思いつきからではなく、良く考えて慎重に行動するように。これから先の仕事は、初めにしっかりとした目標を立てて、迷わず努力して下さい。他のどのような魅力的なものに出会っても動揺せず自重し、神様があなた方に負わせられたことを忍耐してやりとげて行って下さい。学問をした人は多分承知しているでしょうが、独立したと自分で思っても、他の人のことをいつも心に留めなさい。助け合わなければこの社会は成り立ちません。生涯イエス様をお手本として、人を使うよりもむしろ人に使われるように務めてください。あなた方はこれから知識を生かし、仕事に専念するのですから、困難にあっても諦めてはなりません。信仰と希望が足りないなどと決して思わず、自分の弱さに気付けば気付くほど、神様の偉大さを知るはずです。国の内外、都会、田舎、どんな場所に住んでも、貧富の差にとらわれず、私がいつも教えたことを忘れないようにして下さい。神様のために働く人はどんな地位にあろうとも神様と共にいることを心に留めてください』。

メレイライヌンがこの学校の先生になってから、学問は次第に盛んになりました。この学校の先生のグラント[1]という誠実な人と協力しあい、校務は整理され、体制も整いました。しかしメレイライヌンはまだこの学校では満足せず、学校をグラント氏に任せ、前々から心にきめていたことを実行に移すようになりました[2]。

(1) ジルバ・グラント(一七〇四～一八四七)という女性教師。
(2) 最初のセミナリー構想である『ニュー・イングランドにおける教師養成のための女子セミナリー』を一八三二年一〇月に

発表する。

八　アメリカの女性のための大学設立計画

男子のための立派な大学はあるものの女子のための学校がないことにメレイライヲンはいつも心を痛めていましたが、時が満ち、自分を奮い起こさせたすべてをなげうって、女子のための大学を創ろうと決心する時がやってきました。女性の学問を高尚にしようとしたのです。[1] 神が特に自分を選ばれたと信じたからですが、この事業が成功するかどうかわかりません。しかしメレイライヲンの中にはすでに学校の規則や教授法など学校の全貌がはっきりと描かれているように思えました。この時メレイライヲンは三七歳、健康で、信仰と勇気に満ち、すべての学問に通じていましたが、特に理化学を深く学んでいました。加えて人との交わりにも慣れ、世間のことにも熟知していました。

学校で働いていた時はどんな時にも評判がよく、父母の信頼も篤いものでした。生来真理を喜び、確かなものでなければ大切にはしません。ですから人との交わりも、その人の心の良し悪しを基準とし、外見やこの世の富の有無、身分の上下では判断しませんでしたし、華やかな衣服[2]、高価な食物などは何一つ心にとめません。彼女の衣服はいつも質素であり、装飾品は身につけません。このように自分の心を真理から離さず、人と話す時もまことに誠実だったので、人々は感嘆するばかりでした。

ある日の説教で、神の律法を犯す者に話が及んだとき、人々は恐れるばかりでしたが、天国のことに移ったときには皆、復活への希望と喜びにあふれ、早く御父のみもとに行きたいと願ったほどでした。メレイライヲンが人々の心を感動させるのは、いつもこのような有様でした。聖書にある《思い違いをしてはいけません。神は人から侮られることはありません。人は自分の蒔いたものを、また刈り取ることになるのです》(ガラテヤの信徒への手紙　六章七節)の言葉とメレイライヲンの言動はよく合っています。

メレイライヲンは妹に、「私は今、米国婦人のためにひとつの大学を創設しようという大きな望みを起こしました。この大望は、小舟で大海を渡るようで、幸いにも望みの港に到着することもあるでしょうが、波風のためどんな島に行き着くかもわかりません。しかし、私はこの患難の船旅を少しも恐れません。神様がいつも私をお導きくださると信じて疑いませんから」と手紙に書き送りました。メレイライヲンがこの広大な計画をするに当たって非常な働きをしなければなりませんでしたし、このような大事業は一人の力で到底出来るものではありませんから、学識者や大学教授などの招きに応じて出かけたり、計画をお金持ちに相談したり、時には新聞社へ投書して公に人々に伝えたりもしました。どの新聞も受け入れたわけでもなく、金持ち達はこのことを聞いても特に心にも留めませんでしたが、学者の中にはメレイライヲンの大望を感じて、少しは賛成した者もありました。くじけそうな気力を励ましては、援助の依頼のための講演など各地に出かけました。各地に散っている卒業生が、大学創設の志を聞き、大喜びで地域に言い広めたので、この大学創設のニュースは各地に伝わって行きました。

(1) 一八三四年ごろからフルタイムで賛同者を募り、一八三七年一一月八日に開設した。《学芸(がくもん)を高尚(たかく)ならしめん》の「高尚」がキーポイントだった。

(2)「幾千の金を得たりと云えども、自身は自ら紡ぎ且つ織ったる青き綿布の衣物を着て終始之を更ゆることなかりき。」(『女学雑誌』佳伝　メレイ、ライオン女史)

九　賛同者の増加と念願の大学創立

誠心誠意集中して事を行えば、できないことはありません。その後メレイライヲンは次第に賛同者を得るようになり、計画(1)の準備会を開き、建築の相談をするに至りました。集まった人は僅かでしたが皆信仰篤く、学識ある人も少しいました。建築の予算の一五〇〇〇円を世話人たちが分担し、篤志家からの寄付を募ることを決めました。メレイライヲンもそのうちの一〇〇〇円を負担し、知人や友人に手紙を送ったり、訪問したりして、今この時にこそ女子の大学(2)の必要性を訴え、事業の援助を願いました。事情を理解した人たちが、はじめ寄付しようと思った金額より増やして何円、または数十円と惜しまず出してくれたので、二ヶ月も経ずして一〇〇〇円集まりました。メレイライヲンの集めたお金はすぐに目標額になりましたが、他の人の分はなかなか達せず、建築着工までの金額が集まりません。しかしこの頃、この計画に賛同している人々が、マサチューセッツ州のソーフヘッドライ(3)の地に大学を建てたいと強く望み、不足資金はこの人たちが負担するとの約束を取り付けることができ、着工が決まり、政府に申告し、許可を得て工事にとりかかりました。(4)建築の概算は一五〇〇〇円でしたが、さらなる発展を考え政府への申告は一〇万円の見積りとしました。時には建築現場で請け負ってくれた人と計画や相談をし、あるときは各方面に寄付金を願うなどのさまざまな奔走をしてと、労を惜しまぬさまは並大抵ではありません。

しかし彼女は、この労苦もこの先の喜びを思えばこそだと、楽しんでことに当たりました。何の面識もない資産家の夫婦の元に一人で寄付金依頼に出かけた時は、どのようにすれば相手の心にかなうかと心配になり、その家の前で躊躇してしまいましたが、聖書のことば、《思い煩いは何もかも神にお任せしなさい。神があなた方のことを心にかけていてくださるからです』（ペトロの手紙　一　五章七節）を思い出し、勇気を出して門をたたきました。夫婦は事情をよく聞き、心からの賛意と尽力を約束し、以後、学校のことでの相談会はこの家に集まるようになったほどです。またボストンにいるある信者は、メレイライヲンを自分の家に招き、その計画を喜び、夫人と相談のうえ、五〇〇円の寄付を約束しましたが、その後も学校のために労苦を惜しまず、出してくれたお金は約束金額を超えました。

メレイライヲンが友人に宛てた手紙の中にこう書かれています。

『寄付のお願いで、或る家に行きました。その女主人は妹と住んでいて、お金持ちという程ではないものの少しの蓄えはある人のようで、それぞれ一〇〇円の寄付を約束してくれました。しかし不幸にもその後火事が起き、姉妹とも家財を焼失してしまいました。私はもはや約束は忘れ、彼女らの難儀を心配していましたが、思いがけず二人からそれぞれ一〇〇円のお金が送られてきました。姉妹は一旦約束したことは違えることは出来ないと失火後ますます努力して働き、ようやくその約束を果たすことが出来たのだそうです。送られてきたお金の中に、煙のしみこんだお金の混じっているのを見て涙がこぼれました。この姉妹の誠実な行為を忘れないようにと、私は自分のお金をその煙の沁みたお金と交換し、大切に今保管しています』。

さて、学校の工事は着工後数ヶ月経ってから、定礎式を行いました。米国の習慣によると、日本の棟上式とよく似て、集まった人々はその礎の周りで感謝の祈祷を捧げてから、スピーチなどをしてこの工事を祝福するのです。メレイライヲンは嬉しさのあまり、隅の石に《身分の低い、この主のはしためにも目を留めてくださったからです。今から後、いつの世の人もわたしを幸いな者と言うでしょう》（ルカによる福音書一章四八節）と書きました。数ヶ月後、工事開始からは一年を越えて、校舎はすべて落成しました。四階建てで、各階の広さは約七〇〇平方メートル（二一三〇坪）です。一階は書庫、標本陳列室、食堂、台所、洗濯場（これは入学生に炊事や洗濯をさせて学費を安くするためのもの）を作り、二階は六室に区切り全部教室とし、三、四階は生徒の寮として八〇人を入れるよう備えられました。[(5)] このように立派な建物が完成したものの、大勢の篤志家が心を尽くして神のために捧げてくれた結果ですから、一般の建物とは比べてはなりません。さらにこの学校は、一地域だけのために建てられたものではなく、米国全土にそのよい感化を及ぼすために建てられたものですから、以後ますますの発展を見込んでいたのです。

さて、建物は出来ましたが、必要な備品の購入の用意はまだまだです。各地からの有志から得たお金一五〇〇〇円は、建築に費やしてしまいましたから残りはありません。メレイライヲンは教え子やその親からの寄付で器具を買おうと考え、教室の備品や各寮の道具を列挙し、予算をたてて依頼状を送ったので、多方面からに寄付により次第に整ってはいきましたが、寮の飾りつけは十分でなく、殺風景なものでした。しかしメレイライヲンは大変満足し、たとえば山を登る時、急いで頂に行こうとして険しい山道を汗を流して登ってしまったら、頂まで行きつけないかもしれませんが、長く曲がりくねった緩やかな道を少しずつ登って行けばいつかは山頂まで行くことができると信じて、装飾品類は当座は我慢しましょうといいました。

（1）『マウント・ホリヨーク女子セミナリーの概要—その拠って立つべき諸原理と全体計画』
（2）フィーメール・セミナリーという女子中等教育機関である。
（3）South Hadly。ホリヨーク山の麓、マサチューセッツ州とコネチカット州の境にある。
（4）一八三六年一〇月三日。
（5）全寮制を採用した。

十　開校の頃

校内各所の備品は前にいったように、方々よりの補助により備えられる見通しがついたので、やっと一八三七年の一一月八日に開校と決め、生徒八〇名を募集しました。生徒は修業年限三年とし、教科はギリシア語と数学以外は他の男子の大学と比べて少しも劣りませんでした。入学希望者は学問を充分に身につけた者でなければ入学できませんでしたが、すぐに定員に達し、入学の日を迎え、入学者は各方面から集まりました。二〇歳前後の入学者に向い、メレイライヲンは、『長い間あなた方が来てくれるのを待っていました。はじめて顔を合わす喜びは実に譬えようもありません。校内はまだ設備が整わず、このため不自由するでしょう。まずはあなた方の荷物を自分達の部屋に入れてきて、早く戻って私のすることを手伝ってください』と、まるで母がその子を愛しているように慈しんで待遇したので、生徒達はすぐ馴染み、仕事を助けてくれました。このように生徒をよく育てたので、《キリスト・イエスの立派な兵士として、わたしと共に苦しみを忍びなさい》（テモテへの手紙　二　二章三節）と聖書にあるように、皆、不備をも我慢し、八〇人共に仲良く、順調に学校生活を始めました。[1]

諸費用をなるべく少なくするようにしていたので、生徒の身の回りの世話をしてくれる職員は置かず、生徒がそれぞれ一日一時間ずつ奉仕してやりとげました。これは経費節減のためだけではなく、健康の増進ともなり、[2]その上掃除炊事等の術を女性の務めとして身に付けることができました。ある日メレイライヲンは、にこにこして生徒に、「もし、これらの仕事が煩わしいとか、嫌いだといって高ぶる人、または怠ける人がいる時はこれを振るい落とさなければなりませんから、この学校のやり方はまるでふるい（篩）のようなものですね」、といったことがありました。

どの学校でも雑用を生徒にさせるなどは聞いたことがありませんし、他の教師達も、良いとは思っていませんでした。メレイライヲン自身もまた、容易ではないと思いましたが、この学校が出来るまで多くの患難を忍んできたことに比べれば、この難事はいつか必ず解決するであろうと思っていたので、事の初めこそ肝心な時と、失敗なきよう、パン焼きや料理なども全ての管理を自分で請け負い、率先して生徒達を励ましました。たとえば炊事は、生徒達を何グループかに分けて、上手な者に調理を任せ、それぞれの腕に応じて仕事を分担したり、交替しながら、授業と作業を両立させせました。

倹約によって経費を減額しようという発想は他の教師にはないので、メレイライヲンの肩にかかってきました。これまで彼女が働いていた学校の生徒一人分の費用と比べて、その半額余りの予算でこの学校の生徒一人の経費とする見込みでした。メレイライヲンは、一家の家計を遣り繰りするように全てのことを一人で切り盛りし、人も雇わず、一年間努力しました。そしてついに学校の会計簿の決算書を、難しいと言った人々に見せ、予算よりも更に余りがあったことを示しました。これには皆感心し、以後会計のことはすべてメレイライヲンに一任することに同意してしまいました。自ら進んで自分の給料は僅かに衣食を賄うだけのものにし、手本を示しました。金銭の出し入れ、雑務、台所の世話、生徒への授業などその忙しさは大変なものでした。彼女は文法科と論理学などを受け持ちましたが、多忙を理由に休講にしたことは一回もありませんでした。開校後六ヶ月の間メレイライヲンは心と身体を使い切り、毎日一六時間から一八時間も働きました。休まず精一杯働き、毎朝暗い内に寝室を離れ生徒の先頭に立って仕事をしたので、教職員生徒一同それに励まされ、ついにメレイライヲンと同じ目的を決めてなし遂げました。メレイライヲンのこういう姿勢が、卒業生をして、各地に赴きよい働きを残し、世に大きな貢献をなさしめたのです。

神の大きな恵みをすでに受けているのだから、学問が上達する力は既に与えられると信じて褒め言葉は使わずに生徒を励ましたので、怠け心を忠告するよりも、むしろ勉強をやり過ぎないよう諭すことが多かったということです。生徒たちには、三教科以外の本は読むことを許さず、教師の個人的なレッスンは一科目ごとに三〇分~一時間に限定するなど、細かい規則も定めました。

一年が過ぎ、はじめて一期の定期試験が二日間行われ、学校の関係者や生徒の父母に通知を出したので最終日は参観者が大勢来校し、さしもの広いこの学校も、立錐の余地もないほどで、スピーチ会場なども満員になりました。メレイライヲンが学校を建てようと志した当初はもとより、校舎完成後の学校運営も支援する者とて少なく、ともすれば打ち負かされる思いもしましたが、軌道に乗ったのがうれしく、今こそ勝利を与えられたと感謝に満たされ、一層、女性の未来のための教育に努力しようと思いました。メレイライヲンが喜びに満ち溢れているさまを見て、口にも筆にも表せないと言った人もありました。この日の試験で特に学芸優秀で全課程を卒業した者が三人いました。充実していく学校のさまに、学校関係者はもとより父母達もみな、学校のためにその幸いと前途を祝いました。

（1）学寮では「家族の申し合わせ」という、共同生活上の約束事が提案された。
（2）Ryon に影響を与えたエマーソンは「教育は、強健な身体に力強い精神を生み出さねばならない」と言っている。

十一　教育と学校と学校内に係わる事柄

その一　規則

前にも言ったように、険しい山路も遠回りしながら緩やかな道を行けば、いつかは山頂に到着するとは確かにその通りです。二年目には、校内も次第に整備され学校や寮の経営もやっと見通しがついたので、生徒の定員を八〇名から一〇〇名とし、結婚する教師がいたため、卒業生から三人を教師に迎え入れました。この三人の内一人はメレイライヲンの姪でした。メレイライヲンは主に授業に関わることになり、上級生を引き受け、次の学年の地質学も教え始めました。

生徒の中には牧師と婚約する者や更に神学を深めさせたいと両親が希望する人も何人か出たので、聖書の教えを最も大切にしました。これは人の願いではなく、生徒がこの学校に来たこと自体が神のご意志だと思ったからです。もしもこれらの者たちが神の真（まこと）の子とならなかったら、これこそ神の御旨に反すると恐れました。つねづね学問の才能のある人はその能力を神のために捧げるよう勧め、日曜日を学校にとって喜び溢れる日とし、生徒を一つの会場に集め、聖書の大切なところを説き聞かせました。まだ信仰に至らない者があると、『形式的に聖日を守るように勧めることは出来ても、心から信じるようにする力は私にはありません。しかし会堂で信徒と交わる時、《ある人たちの習慣に倣って集会を怠ったりせず、むしろ励まし合いましょう》（ヘブライ人への手紙一〇章二五節）と聖書にあるように、集まりをやめる人に倣（なら）わず、互いに勧め合い励まし合い、怠らないように注意しなさい。人を喜ばすためにだけに行動するのはよいことではありません。マルコによる福音書六章一四節から二九節を思い出してご覧なさい。ヘロディアの娘は踊りで王を喜ばせましたが、結果的に洗礼者ヨハネを殺し、その首を母親に捧げることになってしまいました。美しい姿は見てよいものかもしれませんが、時には母を苦しめたり、召使たちを残酷な眼に合わせたりするものです。《ごく小さな事に忠実な者は、大きなことにも忠実である。ごく小さな事に不忠実な者は、大きな事にも不忠実である》（ルカによる福音書一六章一〇節）とあるようにたとえ小さなことにもよく心を用いなさい。学校の規則が枝葉にわたっているように思うかもしれませんが、《心を尽くし精神を尽くし、思いを尽くして、あなたの神である主を愛しなさい》。これが最も重要な第一の掟です。第二もこれと同じように重要です。《隣人を自分のように愛しなさい》（マタイによる福音書二二章三七節～三九節）。すべて聖書の言葉に含まれているのです。この言葉をいつも覚えてください』と語りました。

この学校の規則はいうまでもなく生徒が耐えられないようなものではありませんが、自分達の都合のよいように改訂を望むわがまま者も時々いました。そこである日その人達を自分の部屋に招き、愛情をもってよく言い聞かせ、もしこれが納得できないならば、学校のために大変残念なことであり、名医であれば、小さな腫れものであっても直ぐにそれを切り取るでしょう。放っておく医者はいませんと諭しました。

メレイライヲンはただ生徒を注意するだけでなく、教師と生徒を区別せず、自身そのお手本となるようこれを守りました。たとえば規則の中に、どんな理由があっても、先生の許可なく食事を欠席しないという項があったのに、ある日一人の生徒が夕食を、ちょっとした病いにかこつけて欠席したい旨をメレイライヲンに告げるよう同室の者に頼んだのに、頼まれた者が伝えるのを忘れてそのまま食事の席についてしまったことがありました。メレイライヲンは食堂をじっと見廻し、その生徒がいないことに気付き、他の先生に理由を尋ねました。大勢の生徒がいる中で一人や二人には気付かないこともあるのでしょうが、メレイライヲンはそのようないい加減なことはしません。一方頼まれた生徒はこの時はじめて思い出して自分が言い忘れたことを詫びました。その生徒が食事の後、二人の部屋に戻り、夕食を欠席した生徒と二人して部屋の窓から夕陽を眺めていた時、思いがけずメレイライヲンがパンとお茶を持って入ってきたので化け物を見たように驚きました。欠席した生徒を慰め、身体を大切にするように言い、持って来たものを与えました。二人は、四階にある生徒の部屋までわざわざ食事を届けたその温情を深く感じ、手数をかけたことを詫びましたが、メレイライヲンは、心配しないように、夕暮れになれば、誰も疲れるでしょうと言って部屋を出て行きました。以後この生徒は、一杯のお茶、または一切れのパンでも食べられる体力があれば欠席するようなことはしなくなりました。ある時は、我が儘な生徒がいて、殆どの生徒がこの者と同室になるのを嫌がっていました。メレイライヲンが、イエス・キリストの名においてその生徒と同室になるのを我慢してくれる人はいませんかと、つねづね信頼する生徒達に聞きました。この一言で、生徒達は心からその生徒と交わるようになり、わがままな性格を良い方へ導くことが出来たこともありました。

メレイライヲンは、全生徒に各自、聖書を読むことと神への感謝の祈りを守ることを約束させました。毎朝の礼拝後、鐘の音と同時にそれぞれの決まった部屋で半時間、一人になって、聖書を読み、祈りを捧げることによって神と交わるようにとの願いからです。メレイライヲンは生徒達に、聖書を読むのは、魂を養うためのものですから、たとえわずかでも良く噛みしめて腑に落ちる読み方をするようにと、さらに祈祷もやたらに言葉多く、調子のよい言葉を並べたてるのではなく、《どんなことでも、思い煩うのはやめなさい。何事につけ、感謝を込めて祈りと願いを捧げ、求めているものを神に打ち明けなさい》（フィリピの信徒への手紙四章六節）と聖書が示している祈りを捧げるような時間を持つようにと語りました。この時間の後、メレイライヲンが個室からでてくるさまは、神と交わったように見えました。神に祈る様子は、ちょうど子が親に訴えるように、また家来が主君に願うように、ひたすら真実を尽くし、仮にも口先だけで言うものではありませんでした。ある人のために祈る時は、その人の名を呼び、神は我が祈りを必ず聞いて下さると堅く信じて祈りました。

この祈りの時間の規則を決めた時には、まだ神を信じない者もいましたが、喜びをもって祈る過程を通して、神を信じない者はいなくなりました。これに続いてまた夕方一五分間も、生徒たちを数組に分けて、神を讃美し、祈祷を捧げる時間としましたが、毎朝の礼拝は一〇〇人以上の生徒が集まっていたのに、この夕方の祈祷会に出る者は組毎に三、四人でした。

毎朝の礼拝は広い場所だったので、生徒達が聞き違わないよう大声を出して、丁寧にその大切なところを説き聞かせました。もともとメレイライヲンは、形式によらず、才能にもよらず、もっぱら限りない聖霊が人を教え導くと思っているので、常にその望みを真の道としたのです。彼女達に教えていた言葉は、《不正を行う者には、なお不正を行わせ、汚れた者は、なお汚れるままにしておけ。正しい者には、なお正しいことを行わせ、聖なる者はなお聖なる者とならせよ》（ヨハネ黙示録二二章一一節）であり、もし人が後の平安を願うならば、今その備えをなすべきです。これを怠ればその恵みの時は来なくなり、後悔することになるでしょう。イエス様の言葉に《渇いている人はだれでも、わたしのところに来て飲みなさい》（ヨハネによる福音書七章三七節）とあるように、心の渇いた者は、この生きた水を飲みなさい。アブラハムの信仰、モーセの謙虚さ、またエリヤの人間性は神を畏れることにありましたと常に語りました。

生徒達は預言者の話を聞く度に心励まされ、聖書に出てくる人たちは、ただ神の力を得てこのような信仰の人になれたのだから自分たちもまた道を尽くして神の力を得るなら、そうなれるのだとの思いを起こしました。メレイライヲンが人を導く仕方は、はじめ荒れた心を開き、次にこれを耕して種を蒔き、世話を尽くして成長させ、実るのを待って収穫するような、あたかも農夫の働きのようでした。時には実らないものがありましたが、多くのものは実をつけました。前にいったように、この年の初めは生徒約一〇〇人のうち、三〇人程はまだ神を信じていなかったのに、数ヶ月過ぎるうち、一人を除いて善き信仰者となりました。この人もその後善きキリスト者なり、永遠の眠りについたそうです。

その二　教師と生徒とのつながり

一般的に、自分の為にのみ物事をなそうと考える者は他の人を愛する心が乏しく、才能のある人や良い行いをする人を避け、疑いの心から離れることがありません。あの英傑といわれるナポレオンでさえ、疑心暗鬼の心を持ち続け、死ぬまで人を信頼していませんでした。メレイライヲンの生き方はこれとは大きく異なり、少しも人を疑わず、人と交わる時はまず信愛を表し、自分を相手の立場に置いて導きました。名誉心からだけであったなら、どうしてこのような大事業ができたでしょうか。出来たとしても、人々に聖霊の感化を及ぼすことは出来るはずはありません。この学校の先生たちは皆メレイライヲンのまごころを感じ、彼女を手本として教育に当ったので、その隆盛は他に類がないほどにソーフヘッドライの地に高くそびえたっていきました。そうして第二期もすぎ、第三期の始まりとなりました。

この年は校舎も増築し、少しずつ規模が大きくなりました。メレイライヲンは大変忙しかったのですが、先生方の援助を受け、創立当時ほどの多忙ではありませんでした。学校の評判は各方面に響き渡ったので、入学希望者が次々と来て寮が一杯になり、増築するとまた先を争って希望者が来て、卒業生が出ると、すぐその欠員が埋まるというほどでした。このようなありさまで、五年を経て、二五〇人の生徒を入学させるようになりました。[1] 世間では、この学校の教育があまりに心を大切にし、聖書の教えを他の学問の基礎としているので、果たして所期の目的に達するだろうかとか、授業が面白くないだろうとかいう者がいましたが、卒業した生徒の働きに感心し、改めてすばらしい学校であると思うようになりました。こうしていろいろな人たちが力を合わせ、学校の働きを助けてくれました。先生はほとんどが卒業生でしたが、メレイライヲンは、先生達が皆神の働き人として心を合わせるべく学内で特に祈祷会をもち、授業やその他もろもろについて祈ったので、時には明らかなる聖霊の助けが与えられました。ある年は、一八〇人の生徒のうち六六人が未だに神を信じていませんでしたが、その後六人を除いてみな信仰者となりました。成績優秀で教育に適した人材の教師を選んでいたので、働きのすばらしさに関しては言うことはなかったのですが、勉強だけで判断せず、生徒一人一人の性質をよく見極めて、心の学問にまで達する教育をするようにと指導しました。どんなに多忙で疲れている時でも、自分から姉のように接し、礼を尽くし、また自分に不都合なことがあったら遠慮せず素直に指摘するように頼みました。お互い敬い合いましょうと、率先して礼儀正しく接したので、人をみくびる者は少しもいません。不品行をなす生徒に対しては、温かくやわらかに、愛をもって静かにその非に気付くようにしました。決して人の非を言うことがありません。何度教えても改める様子がないわがままな生徒に担任が途方にくれ、退学させようとメレイライヌンに相談しました。メレイライヌンは、もっともな事ではあるが、幼い時母を失い、良い養育者もなく勝手気ままにしていたのだろうから、学校から出してしまえば、彼女は更に気ままな生活になってしまうだろう。事情を踏まえて、今しばらく様子を見ましょうと生徒の為に祈りました。教師はこの言葉に感服し、以後その心で生徒を指導したので、生徒もこの教師の恩情を感じながら、良い方向に導かれていきました。このように両者は、相共に助け合い努力し合い、楽しく生徒を教え導きました。

この年メレイライヌンの母は病いのため亡くなりました。亡くなる少し前にメレイライヌンは、学校の許可をもらって母の許で看病しましたが薬も効かず、とうとう永い眠りにつきました。深い悲しみの中でも時を置かずに学校に戻ったメレイライヌンは、常と変わらぬさまで教壇に立ち、聖書を読み、生徒たちに語ったことは、

『初めて学校を開いた時から今日に至るまで、母は常に、学校やあなた方の為に、祈らなかった日はありませんでした。私はこの助けにより、大きな力を与えられましたが、もうその祈りもなくなり、様子も聞けません。今、私は寂しいのです。しかし一つの望みがあります。それは神様がお与え下さったあなた方が、わたしの母のような信仰を持って、神様の住まわれる限りない御国に導かれること、これが私の最も望むものです』でした。

メレイライヲンは母の死を心より悲しみましたが、ますます人の悲しみを思いやる心を深くしました。ある生徒が入学後わずかの間に父と妹を失ったという報を聞くや、すぐに招いて同じ部屋で一日を過ごし、思いを共にして悲しみ、慰め合い、親を失った悲しみは限りありませんが、私たちの親は、神様に愛された聖徒だと思えば、悲しい内にもまた喜びの心が生まれますと語ったそうです。

（1）初年度は定員九〇人に対し一一六人が入学し、翌年は約二〇〇人が志願した。一八四八年には二〇〇人以上に定員を増加したが、五〇〇人以上が志願した。同時期の男性大学が学生不足により経営危機の状態にあったのとは対照的だった。

その三　外国伝道

聖書は、《すべて多く与えられた者は、多く求められ、多く任された者は、更に多くを要求される》（ルカによる福音書第一二章四八節）と書いています。学校も次第に充実し、大きな喜びに満たされるようになりました。それはこの学校の教師や生徒の中から、競って外国伝道に行こうという人が出たことです。もともとこの学校は、宣教の目的がなかったわけではないのですが、国内に主眼が置かれ、外国伝道というような大望はまだなかったので、特に生徒に勧めることもしなかったのです。

人の為に良いことを行うことと、伝道の為にお金を寄付することの意味を、つねづねメレイライヲンが語ったことは、『学校で学んだことは、自分だけに終わらせず、これを後日必ず人に伝えるように。自分一人のうちにだけ留めおかずに生きてゆきましょう。しかしこれによって人々から報いを受けようと考えてはいけません。人の為に行うべき仕事は、神様がすでに、その扉を開いて下さっているのですから、恐れずにその中にお入りなさい。《自分のように隣人を愛する心》（ルカによる福音書　第一〇章二七節）を常に忘れないように。美しい衣服で着飾っている女の献金と、聖書（ルカによる福音書　第二一章一節～四節）に書いてあるような、イエスさまがおっしゃったレプトン銅貨二枚を捧げた貧しいやもめの女の献金について比べてごらんなさい。菓子や飾りもののように特に益とならないものには金銭を使わないように。またノートやペンのような必需品でも安いものを使いなさい。たとえ僅かなお金でも、お金は暗い所から明るい方へ導いてくれる働きに用いるのだと心に留めておきなさい』でした。

このように節約して伝道の為に毎月学内で自主的に集めたお金は、一年で一〇〇〇円を超えました。聖書に《あなたがたは、代価を払って買い取られたのです》（コリントの信徒への手紙　一　六章二〇節）とあるように、イエス・キリストの贖いの血は暗い道を歩んでいた人々に光を与え、使徒に続く者たちは持てるものを喜んで献金しました。

以前メレイライヌンが、やがて神様は学校の中からその仕事に就く者をご準備下さるであろうといったように、この時すでに卒業生の中から、自分が金銭での助力をしているだけでは満足せずに、トルコ、インド、中国、アフリカ等へ自ら宣教に出かける者が一〇人以上出ていました。この人達はこの学校で学んだ卒業生たちですから、どこの国にいても、年を経てもメレイライヌンとは母と子のように親愛の仲でした。メレイライヌンもまた、この人達を「学校の子」[1]として信頼していました。それぞれの国からの風俗などを知らせてくれたので、生徒達は志が刺激されて活発になり、外国伝道へ志す者がますます増えていきました。それまでは、派遣される外国についての知識があまりなかったので外国に渡ることは難しいことの中で最も困難と思われていたのですが、こうして状況をやり取りし、詳しい情報を知るにつれ、祈祷会はまるで世界中の人々が集まっているかのようでした。メレイライヌンは、派遣されるものの流出によって学校が手薄になるのを少しも心配せずに外国伝道への道を開き、外国伝道会社も、学校の派遣熱を聞いて伝道者派遣の助力をしてくれました。

この頃、フィスカ[2]という優れた先生が、ペルシャ（現在のイラン）に伝道に行きたいと願い出ました。大切な働き手を失うことは学校にとって痛手であるはずでしたが、メレイライヲンは、ペルシャで同様の力量の人材を得ることの困難さに比べれば、当校にとっての損失は仕方のないことですと応援しました。一方フィスカ先生は自分から決心したのですが、年をとった母がいたので、まずその母の許しがなければこの望みは果たせません。そこでメレイライヲンは、昼夜をかけてその母の家に一緒に行き、年をとった母にこのことを伝えました。母はもともと信仰篤い人ですから、大切な働きであることをよく承知していたものの年をとった今、愛する娘との別離を心からは喜べず、神様のご指示をいただくまでの少しの猶予を求めました。一方この頃同じ地方のある夫婦が同じペルシャ伝道の為に一〇日程の内に出航するにあたり、フィスカに同行の意志を尋ねてきました。この急ぎ話に母は祈った結果、悲痛な思いではあるが神様から招かれたことに母として反対は出来ないと思い、翌朝涙を流しながら、娘の意志に従う思いを告げました。出航の日、メレイライヲンはフィスカに、これからも学校の為にいつも祈ってくれるように求め、別れの際、波止場に立って船が見えなくなるまで見送りました。それからボストンの、以前学校に五〇〇円寄付してくれた夫婦の家で二、三日過ごしてから帰校しました。

学校でメレイライヲンは、一人の良い先生が退職したが、彼の地にいてもなお学校を忘れず、故郷を出発するときも船上にいる今も、皆の為に祈っていることを告げ、祈祷というものはまごころから神様の大きな御力をお与え下さいと願うものであることを、生徒たちに語りかけました。この話を聞いて以後生徒たちは、物事を思う時、部屋の中にいても、必ず神に呼び掛けるようになりました。

そのフィスカは、地球の半分をまわり無事にペルシャに着き、大きな働きを残し、今なお両国の信徒によって、この人の名は称えられています。メレイライヲンは外国伝道に赴く生徒を励ましフィスカの事を伝えて、次のように教えました。

『フィスカ先生は、年とった母と別れて、まだ開けていない遠い国へ神様のご用の為に行きました。彼女の働きを思い、私達ふるさとにいる者は、もっと一生懸命働きましょう。皆さん、よく考えて下さい。金銀は身を飾ることは出来てもこの身を贖うことは出来ませんし、この世を去る時は、これを棄てなければなりません。が、用い方によっては、《天に宝を貯える》（マタイによる福音書六章二〇節）ことが出来ます。私たちのこの身体は、どんなものと考えますか。もとは塵から作られ、終わりは塵に帰る賤しいものですが、神様のみ心を頂いてこれを用いるなら、神様に喜ばれる仕事をすることが出来ます。しかし如何なる宝をもってしても罪を洗い清め天に行く力はありません。私達信者のこの罪は、イエス・キリストの恵みによって赦されたのです。これこそ私達の最大の幸福です』と。

またある時は、

『人が歩むべき道と、心の悲しみについて、神様からの恵みと、心の悲しみとは、互いに関係していて切り離すことは出来ません。私はまだそのわけをくわしく説明出来ませんが、考えてみると、人は神様からの恵みを頂いているからこそ、悲しむのです。どんな憂い悲しみも、神による恵みをいただいてこそ知ることが出来るからです。天国に旅立つときは、みな悲しみより始まります。また、人生途上においても悲しさに出会うことがあります』と語りました。

ある朝の集まりでは創世記一八章一六節〜三三節を読み、

『アブラハムは、ソドムの為に神様に祈った時、はじめは五〇人を助け給うよう願ったのですが、だんだんとその人数を減らして、六度目には僅かに一〇人までと祈りました。そして神様はそれをお聞きとどけ下さいました。このさまを見ると、ちょうど、計りの錘（おもり）（分銅）と変わりません』と教えました。生徒の為に心を砕きつつ、その人の素質を読み取っていたさまを思うと、神の恵みを受ける先には、必ずメレイライヌン自身の錘があったと言えましょう。

この年度初、生徒の中で信者は一四人だけだったので、メレイライヌンは特にこの事を大変心配しましたが、一ヵ月もたたないうちに、友人に出した手紙を見ると、おおむねみな信者となったようだと書かれ、さらにその手紙には、『私が前に手紙をあなたに出した頃から、恵みの雲がようやく見えはじめ、雨の雫が少しずつ落ちるように思えました。間もなく、急に大雨となり、今ではこれを受ける場所もない位潤っています。私がボストンから帰った頃は、まだ神様に望みを持たない者が五〇人ほどいましたが、今は六人を除き、みな信者となっています。降り注ぐ慈雨を受け、草や花は、少しも痛まず、愛の光に輝く太陽に照らされて成長しています。まことにうれしい事です。しかし未だ若芽の時ですから、育て方に十分注意し力を入れましょう。どうか、あなた方も力を貸して、これらの者が早く大木に成長するように神様に祈って下さい』と書かれています。

（1）「学校の子」の伝道地からの便りがさらに多くの学生を刺激した。

（2）フィデリア・フィスク（Fidelia Fiske）。一八三九年にマウント・ホリヨークに入学、母校で Lyon の右腕として活躍したが、一八四三年に宣教師としてイランに転出し、一五年間教師として働いた。送られてくる書簡が校内の伝道熱を喚起した。

その四　教師の外国伝道

五年目に入ると、生徒達は学問に大きな進歩をとげましたが、表面的な隆盛に目をやらず、まことに美しい花を咲かせること、つまり、学問だけの上達ではなく信仰の深化をメレイライヲンは、生徒に求めました。この年の終りに、三人の教師が伝道の為学校を辞め、その内の二人は、宣教師と結婚してインドに行き、一人は内地伝道の為に働き、その欠員が埋まらないのに一人の教師が中国へ伝道の為また学校を辞めていきました。けれども困った様子を見せずかえって喜んだのですがそれは、内地伝道に赴く教師が、ペルシャのフィスカに送った手紙にこう書かれていることからも判ります。

『伝道の為に学校が初めて一〇〇〇円拠出した時から二年経ちました。この間多くのものが方々で働いていますが、今また教師の中から私達三人が、それぞれの地に伝道に赴きます。これはお互いに喜ぶことであり、またメレイライヲン先生にとっても大きな喜びでしょう』と。

先の四人に続き、さらにもう一人の教師が学校を辞めてインド行きを希望しました。この人は二人の姪のうちの一人であり、最も親愛していた人ですからさすがのメレイライヲンも今度は別れの辛さを抑えられず、相談をしようにも言葉が出ません。愛唱讃美歌を歌い、やっと未練の心が喜びの心に変わりました。この時メレイライヲンが、ある友人に送った手紙に、『姪の夫になる人は、伝道のため既に外国に行っており、残っていた姪もまたこの度同じく外国に行く準備をしています。これまでこの二人の姪が学校にいた時は、さまざまなことすべてをまかせて安心していたのに、ついに別れなければならなくなりました。姪のこの旅立ちは学校の為に残念だと思うだけでなく、肉親としてまた寂しい限りです。今この悲しみにあい、私は髪の毛が白くなりました』とあり、老いと長年の心労による身体の疲れで、これまでのような勇気がなくなっているのが判ります。ある時友人に、『人生の寿命はこれを一日に譬えてみるとわかります。私の年はもう午後を過ぎた頃ですから、自分がすべき仕事は長くないと心得ています。気力も弱り、声も十分に出ません。すべての事が、だんだん難しくなっていきます。これは私が長く教授を務めないようにとの戒めです』と話し、生徒達には、『私が折々あなた方に教え導いたことの中に、もしあなた達の為になる事があれば、ぜひ心に留めて、忘れないようにして下さい。私が皆さんにお話しする時間は、もう長くありません』ともいいました。この後、インドにいる姪に送った手紙には、『あなたからの手紙を、数日前に受け取りました。私はこれを開く嬉しさに涙で書面を濡らしました。教会の牧師に見せただけで、他の人にはまだ見せていませんが、内容は決して忘れません。学校は今、休暇中で先生方は皆出かけていて、私一人が残っているので、すべて私がしなければなりません。生徒がまだ五〇人位残っていて、皆穏やかで、良く気に留めてくれるので何一つ不自由はありません。身体は忙しくても、心は大変楽しいのです。あなたの知っているように、会堂の椅子が破れていましたが、学内にいる者や近隣の親しい人達と修繕し、大工にも学校のあちこちを修理して貰っています。仕事がすべて終わったら、休息しようと思っています』と。またその後の手紙には、

『お別れした時は、もう二度と会うことはないだろうと本当に悲しかったのですが、遠く離れていても心はいつも文通と祈りによって交わることを経験し、いつしか悲しみは消えました。最近は健康を害し、肺などを少し痛めました。しかし私達は互いに日々御国への道のりを歩んでいるのですから、心は慰められています』と。さらに、フィスカ氏の手紙への返事、

『姪達のことが忘れられないことは、もうご存じでしょう。私が悲しんでいると思っているでしょうが、私は希望を持っています。私達が計画することではなく、神様が御計画されたのですから、私達はひたすら神様の御心に適って福音が伝えられる事を願うばかりです。すべてを神様にお委ねする事はあたりまえのことです』。

前にも言ったように、この時急に五人も教師が辞めたので、しばらくは、授業に大変困りましたが、すべてをご存じの神様がこれを看過ごす筈はありません。学校の窮状を教会の牧師が聞きとどめ、聖書の授業を担当してくれました。年の初めは九〇人の未信者がいましたが、聖霊の助けを受けてわずかの間に六〇人が信仰を与えられました。このように学校の態勢はようやく整ってきましたが、月が満ちれば欠ける時がくるという諺通り、一人の教師が他界し、あの牧師先生も病いの床につきました。メレイライヲンは、他界したその先生のことを聞き大変悲しみましたが、「この学校にいた者で、まだ神様を知らずに死んだ者がいません。死の備えをきちんとしている者ばかりです」と言いました。牧師先生は学校創立の頃から特に学校の為に働き、隆盛に向かったことをいつも喜んでくれていた人ですが、夏の休暇中に永遠の眠りについてしまいました。メレイライヲンはインドにいる姪へ手紙で、

『悲しみで一杯の私の心を、あなたに手紙で知らせましょう。私が敬愛する牧師先生は、しだいに天国に近づいています。病気にかかられたのは六ヵ月前ですから、あなたはもう聞いているかも知れません。先生は今病いの為に説教はしませんが、安息日には、病いをおして必ず教会に来ていました。今はそれも出来ず、私たちはお会い出来ず、別れを思う悲しみに堪えません。しかし先生は、常に天に宝を積んでいる人ですから、神様は必ず先生の為に天の門を開いて、美しい天上の宮を備えていて下さると信じて疑いません。このように、悲しい中にもまた心慰められています』と伝えました。

その五　学校整備と生徒の永眠

年が明け旧きものは掃き清められ、すべてが新しく栄え、恵みの光で山々の雪もしだいに消え、枯れた草木は新芽を出し、おだやかな日が訪れてきました。春の始め、メレイライヌンの病いも回復したので、校務に力を尽し、生徒を励まし、学校の事業は大きく進歩しました。特に聖霊の賜を頂いて、心の学問と世の学問共に実った[1]ということは、真の教育がなされていたといえましょう。

学校の食事は生徒が順番に調理してきたことは前にも述べましたが、生徒も次第に増え、厨房の設備も工夫しながら改造を重ねてはきたのですが、やはり不備が出てきました。皆が満足していたわけでもなく、生徒の食事に関わる事なので、万一これが出来なくなる事がないよう後々になっても心配していました。この年の夏休みを機に、掃除の仕方などを含めて日々の生活面を工夫し、これまでの方法を一新し、教師はじめすべての者に具体的な内容を指示することによって、メレイライヌンは日常的な仕事から解放されて、授業に専念できるようになりました。

この学校に長く奉職した先生が病いの為に辞職したので先生方の年齢層が低くなり、メレイライヌンは、一層の重責を負うようになりました。種々の責務を果たす力を神に与えられたその身体はいよいよ健やかに勇ましく、事々に処し、この世での働きがいつか終わることを思い、今は何をする時も、奮って努力しようと思うようになりましたと、自分自身をふり返って、述べています。

メレイライヲンの肖像画を先生方が企画し、この年の終わりの休みに作成のためのニューヨーク行きを打診したところ、メレイライヲンは肖像を残すこと自体大切なこととは思わず、休み中に肖像画のモデルになるための時間を潰すことは出来ないと言って断りました。先生方の厚意にそむくわけではないのですが、ただ神のために働くべき準備をしたいと思ったからです。

メレイライヲンが学校の世話人の家に逗留する時は、何冊もの帳簿を持ちこみ、帳簿に心が奪われている様子がしばしばだったのですが、最近は、歩むべき真の道についての話に終始し、帳簿については僅かしか話さず、心境の変化がうかがわれたことを、この家の妻が後日語っていました。

その頃ある生徒が病いの為、学校で永眠しました。この時メレイライヲンが友へ送った手紙の中には『ある生徒がこのたび、神様のお招きによってついに永眠しました。彼女は両親に非常に愛され、温厚な性質でしたが、僅か七日患っただけで一七年の生涯を終えました。彼女の病いが重いことをすぐに両親に知らせましたが両親とも旅行中で在宅せず、親類の人が急きょ来校して看病し、永眠の際も遺体を故郷に送る手配をしてくれました。まもなく旅行中であった母が学校にかけつけてきました。私はこの母に会ってどのようにして、慰めようかと思い煩いましたが、神様は、言うべき言葉をお与え下さいました。母は悲しみの中でも理解し納得しながらも遺言について聞いてきたので、召される前に一度、両親に会いたいと本人は願っていましたが、もうイエス様に招かれたのですから、両親を待つことは出来ません。イエス様のお言葉の《わたしよりも父や母を愛する者はわたしにふさわしくない。わたしよりも息子や娘を愛する者も、わたしにふさわしくない》（マタイによる福音書一〇章三七・三八節）のみ言葉を聞きながら次第に永遠の眠りにつきましたと答えました。メレイライヲンはさらに学校の生徒たちにも、少女はもう天国に旅立ちました。神様は必ず居場所を備えて待っていて下さいます。この世に生を受けても、ちょうど朝霧のようにやがて消える存在ですから、天国に登る準備を彼女のように常にしておくように、人は必ず召されるものなのです』と人の命の儚さが書かれています。

休暇が明けて二〇日後、一人の生徒がまたも永眠しました。この永眠は、学校に大きな不幸をもたらしたのでこの事情を述べましょう。生徒が病気にかかり始めた時は風邪のようだったので、いつもの通り教室で勉強していましたが、急変して丹毒(2)になりました。これは医師が最も困難と思う病いであり、人に伝染します。メレイライヲンもこの時、風邪で床についていましたが、この病名にたいそう驚き、病床を離れて彼女のもとで手厚く看病し、なぐさめの言葉をかけ、遺言を聞き取り、そのさまを親に知らせました。翌日は、米州大学（アメリカだいがくこう）の祈りの日になっていたので、メレイライヲンはその準備をし、病いを押して働き、またその生徒が心配で夜は安眠出来ず、翌日は話ができないほど疲れ果てました。この日から、生徒の病いはいよいよ激しくなり、時々うわごとを言ったりしたので、校内の者はますます彼女の死を怖れました。朝の集まりで、メレイライヲンは、キリストの再臨による新しい天と新しい地に関すること(3)を記したヨハネの黙示録二一章から二二章あたりを読み、『ああ何と美しい所でしょう。その麗しさは例えようもない程、その清らさは言うにいわれぬものです。今、私達の愛する友は、そこへ行こうとしています。私は、今ただちにそこへ行くことは願っていませんが、もし召される時は、是非その美しいところに行きたいと望んでいます。しかしまだ神様を信じない人にこの時が来た時には、どんな望みがあるでしょうか。多分恐れおののくばかりとなるでしょう。その身が健康であるうちに救い主を信じて、この聖なるみ国へ行けるように願って下さい。しかしただここへ行きたいがために神様に従うのではありません。神様はもともと清く正しい方ですから、神様は従う道をも備えてくださいます』と語り、さらに午後の集まりでも、いろいろな本を引用して神は畏れるものであることを説き聞かせ、信者の多くが未来の事を思い過ごしているのは、神様をないがしろにすることであり、何事もみな神様のみ心によってなるのですから私たちの心配することではないのです。ただ、義務を知らないことと、これを知って行わなかったことだけは怖れなければなりません(4)と語りました。夜の集会では聖書を朗読し、《私たちの地上の住みかである幕屋が滅びても、神によって建物が備えられていることを、私たちは知っています。人の手で造られたものではない天にある永遠の住みかです》（コリントの信徒への手紙　二　五章一節）をメレイライヲンが読み終わらないうちに、病気の生徒の父が訪れてきたので、彼女の部屋に行きました。娘は父が来たことを大変喜ぶ様子が顔に見えましたが、悲しい事に一言も言わないうちに安らかな永遠の眠りにつきました。メレイライヲンは、彼女の命の終わらないうちに親が来るよう熱心に神に祈っていたので、ついに神のゆるしが与えられたと、その恵みを感じました。しかし疲れのために翌日は寝室を出ることが出来ず、夕方になって少しは快方に向かいましたが、丁度その時、甥の死の知らせを受けてその夜も眠れませんでした。殊にこの甥はまだ神を信じていなかったので、その悲しみは大きく、身体はさらに衰弱し、とうとう病いの床につくことになりました。

（1）「霊学校（こころのがくもん）」と「技学業（よのがくもん）」と原文にある。
（2）連鎖球菌の感染によって起こる化膿性炎症の症状。
（3）ヨハネ黙示録二一章「更にわたしは、聖なる都、新しいエルサレムが、夫のために着飾った花嫁のように用意を整えて、神のもとを離れ、天から下って来るのを見た」に見られる再臨への祈り。
（4）墓碑銘の裏面に記された遺言とも言うべき言葉。

十二　メレイライヲンの病気と永眠、そして埋葬

メレイライヲンは病いの苦痛のためどうしても身体を休養させることが出来ません。安息日を迎えても起きて聖書を読む力がなく、人に静かに読んでもらうか、愛唱讃美歌を歌って貰うか、聖書の大切な個所を自分でいくつか暗誦したりしていました。翌日には、苦痛がますます激しく、他界した生徒から感染して丹毒になったことがわかりました。症状は生徒のように激しくはないのですが、高齢と長年の無理のために、医師も回復することは難しいと認め、本人も治らないことを悟りました。もとよりこの世を去ることを怖れるようなことはありませんから、平常心を保ち、少しの動揺も見せません。寝室への出入りが禁じられ、看病する人も限定されました。そして遺書の筆をとり、学校の為に一通書き終わり、次に愛する甥に書こうとしましたが、一行も書けません。神様の御心に適うようにと深く願い、心が安らかであるとくり返し口にしました。二、三日後には、依頼されて牧師夫妻が病室に来られました。牧師はメレイライヲンの為に聖書を読み祈り、妻はメレイライヲンの手を取って慰め、会えたことを喜びました。メレイライヲンはその深い親切を感謝してから全快を願っていないことを述べ、二人に対して、もし天国に入る事が出来るならば、これ以上の幸福はありません。何一つ功のないものですが、イエス・キリストの十字架の血によって私たちの罪を贖って下さったことは、私の最も喜びとするものですから、これにまさる幸せはありませんと言って深呼吸をし、再び何かを口に出そうとしましたが、看病する人達がこれを制しました。病状は日々厳しくなり、うわ言を言ったりしました。数日後、あたりを見廻して世話する人に、私の心は、口では言い表せないくらい嬉しさで一杯です。私はこのように危篤ですが、学校の事を考えてもっと働きたいとの思いをいつも持っていますが、万事を神様に

お任せしますと言いました。この日はちょうど安息日だったのですが、その翌日牧師が見舞いに来て、看病している人に話している声を聞いて、気持ちはまだ確かであると知ってすぐに彼女の側に進みより、「救い主イエス・キリストを心に宿していますか」と聞くと、メレイライヲンは重い頭を持ち上げて、かすかな声で、「これこそ最も大切なことです」と答えました。牧師が聖書の重要な箇所を静かに説き聞かせると、その節ごとにうなずいて、良く承知している様子を見せました。牧師に何か伝えようとしましたが、もう衰えつき何も言うことは出来ません。牧師は慰め、「口では言えなくても、心で神様をあがめることは出来るでしょう」というと、にっこりとその衰えた顔に笑顔を見せながら、永遠の旅立ちへ向かいました。周囲にいる人々には、一人で歩んで行くのではなくキリストと共にいるさまが見てとれました。間もなく死の世界に移り、楽しい国へと旅立って行きました。一八四九年三月五日、五二歳でした。

メレイライヲンは、神に招かれついに此の世を離れました。遺体は病中のいく度かの苦しみのゆえにやつれていましたが、柔和なその様子は、ただ深く眠っているように見えました。数えられない程の大勢の人が各地から来て、友や教え子は代わる代わる遺体の近くに集まって泣き悲しみました。学校の近くにある会堂での三日後に行われた葬儀で司会者は、《神に従う人の道は輝き出る光、進むほどに光は増し、真昼の輝きとなる》（箴言四章一八節）と《神に従う人の名は祝福され、神に逆らう者の名は朽ちる》（箴言一〇章七節）を主題に説教し、メレイライヲンが一二年間働き、愛した学校の隅に葬られました。[1]

共に働いた教師達は彼女の永眠に力を落とし、これからの学校の維持は出来るだろうかと心配しましたが、学校の為に力をつくしてきた周囲の人々は、教師達の志がくじけないように、共々に一層の力を添えて励ましました。[2] 葬儀の日の夕方にも、妻たちは教師達と祈祷会を守りました。妻たちが教師達に、メレイライヲン先生が最期に学校を神様にお委ねしますと言った言葉を神様は必ず聞き届けてこれまで以上に助けて下さるでしょうし、私達も直接ではありませんが、学校の為、先生方の為に、更に注意し努力しましょうと言って慰め励ましたので、教師達は感銘を受け、主が《わたしの恵みはあなたに十分である。力は弱さの中でこそ十分に発揮されるのだ》といわれたことと、《キリストの力がわたしの内に宿るように、むしろ大いに喜んで自分の弱さを誇りましょう》(コリントの信徒への手紙 二 一二章九節)の聖句を思い出して力が与えられ、希望を強く持ちました。神も常に共に働き給い、その後学校は盛大になり、以前と少しも劣るところはありませんでした。

(1) 構内の閑静な森に墓所がある。
(2)「先生は授業を休むなどとは思わないのは明らかだ」と、亡くなった翌日も授業を行った。

付　録

（これ以降より最後までを付録部分とみなすことができる。アメリカ・トラクト協会の一八五八年版の「メアリ・ライオン伝」を参照し、日本語版『一代記』を編纂するにあたって新たに加えられた部分と推測される）

1　卒業生の親睦会・同窓会で語られたライヲンの思い出話

メレイライヲンの永眠後約三〇年経った数年前、学校から一六〇〇キロメートル程離れた場所で、卒業生の有志達が親睦会を開きました。新旧の人々が互いに交わり、在校当時の様子を偲び、久しぶりの友と再会して交わりを一層深めました。集まって来た者は三三人、また参加出来ないがと手紙を寄せた者は四四人でした。在校中の思い出話を、二、三を紹介しましょう。

○メレイライヲン先生と別れて、約四〇年経ちましたが、先生の教えを絶えず思い出しています。この世に生きていく上でのさまざまな悩みも、先生の教えに計り知れないほど助けられ、私にとってそれらは多いに益となり、今、私の至るべき場所に近づいていると感じています。今なお慰めが与えられて感謝に堪えません。

○この学校の落成の時私はまだ幼かったので、助けられてその礎石の上に上がり、祝ったことを今思い出します。入学できる年齢になった時は学校はすでに盛んになり、多くの卒業生が各地へ出て働いていたので、この人達の活躍を見聞きする度にうらやましく、一日も早く入学したいとの思いで一杯でした。しかし私は貧しくて入学するお金がないうえに病弱だったので、ただ神様にその道が開かれるよう願っていました。幸いにその頃、メレイライヲン先生の姪が、私の地域の学校の教師に赴任し、私の家に下宿したので、私の願いを話しました。思いもよらぬある日、先生からの許しが来て、入学の準備が備わったから早く来るようにと知らせを受けました。先生は、姪から私の志を知って友人数人に助力を求め、私の入学の学費を準備して下さったのです。望んだとおりの大切な道を与えられ、大喜びして直ぐに学校に行きました。学費の心配は先生の恵みによって取り除かれましたが、まだ一つ、病弱であることは家に残してこられず、入学後もとかく悩みの種でした。私の部屋は三階だったので階段の昇り降りには、いつも途中で休憩するほどでしたし、体操の時間も大変疲れました。これが苦であったわけではありませんが、先生は様子をお聞きになって、部屋をご自分の近くにかえ、また体操の時間は見学、更に運動の為に毎日一〇キロ余り歩くという活動も裁縫に代えて下さいました。心臓の病いがあったためなのですが、多くの気遣いにも拘わらず一度悪化した病気の治癒は容易ではなく、とうとう残念にも退校するに至りました。この時メレイライヲン先生は私に、あなたの失望を私はよく察します。あなたの身体を見て思うに、大きな仕事を望むのはかえって神様の御心ではないでしょう。あなたの体調は丁度幼子のようですから、ゆっくり行動しなさい。あなたの弱さと強さとは、イエス・キリストが良くご存知ですよとおっしゃいました。私は今もなおこの言葉が耳に聞こえています。この時からその言いつけに従って、イエス・キリストの為に尽くす少しの働きも大きな喜びであると心に響くようになりました。

○私が入学後三日経って、二階から何気なく故郷の方を眺めていた時、先生が通りすぎようとして、じっと顔を見ながらその手を私の肩の上に置き、あなたはお母様に会いたいのですかとおっしゃいました。私は母を失っていたので、そのことを話しました。すると、では、あなたは今から私を母と思い、心配が少しでもある時は、思いのままに私に相談なさい。私は今からあなたの母となりましょうと言われ、大変慰められました。

○ある日台所の当番になりました。この日音楽の先生も共に当番に当たっていましたが、先生は小麦粉の入れ物が空だったので、大変不満そうに係りの不注意をつぶやきました。粉がなかったからではなく、届けられた粉の箱がまだ開けられていなかったことが気に入らなかったのです。そこにちょうどメレイライヲン先生が通りかかり、彼女のつぶやきを聞いて大笑いし、自分も粉の箱を開けたことはありませんが、このような簡単なことは教えられなくてもできるでしょうと、側にあった金槌でひとたたきして口を開け、また笑いながら、難しくともなんともないでしょうと言って去って行きました。もしこれが他の人であったならば、音楽の先生は恨んだかも知れません。メレイライヲン先生は何事についても、愛情をもって教えましたから、人は心にとめ自分の戒めとしたのです。

2　創立からの入学生の概数

マサチューセッツにこの学校が創立されて約四〇年が過ぎました。その中で、学校に仕えた一二年間のメレイライヲンの業はほぼ記録しましたが、彼女の計画が無駄ではなかったことを表す為に、生徒の概ねの数を示そうと思います。創立当初は僅か八〇名でしたが、生徒数も増え続けたので有志の寄付金を受けて校舎を建て増しして規模が大きくなり、メレイライヲンはやっとその志を果たして永眠しました。その後も入学生の数は年を追って増えていますが、年度によって数は一定でないのでくわしくは示せませんが、一八七六年迄の平均は、一年で二八〇名です。またこれを卒業後の働きに区別すれば次の通りになります。

＊卒業後本校の教師となった者の在職年数と人数

五年～一〇年未満	四七〇人
一〇年～二〇年未満	二六〇人

二〇年以上　七〇人
＊外国伝道に従事した者　一五〇人
＊他校で教師となった者　一七〇〇人余
＊卒業後医学を学んだ者　二五人
＊卒業しただけの者　二〇〇〇人余

この人々の中には、牧師の妻や学者の妻、農業や商業に従事する人と結婚した者もあります。本校のような趣旨の学校がだんだんと増え、メレイライヲンの志を同じくして働いた人も多く育ちました。このように、その地位その業も異なりますが、神のご事業に務めたことであり、その働きはそれぞれの地に受け入れられて根付いていきました。

3　南アフリカに開いた姉妹校のこと

一六五〇年頃、オランダの商船は早くからアフリカの南端をまわって東洋との貿易の道を開きました。それ以来、ここを往来する船は必ず南端のケープコロニー港[1]に碇泊して、燃料、飲料、食肉類を買い入れていました。当時、ここは未開地で、人家農園も少なかったのですが、景観がよく、果実豊富で、しかも気候温暖の為、住むには最適です。以前ユグナート[2]という一族が、主義のためフランスを追われてオランダに移住していましたが、アフリカへの開航を知り、一族三〇〇人が商船に乗ってこのケープコロニーに移住し、さまざまな苦労をして、一つの場所を開きました。これはアメリカのピュウリタン族[3]と同じです。一八〇六年になって、この地はイギリスが支配するようになりました。この時には各地から人々が来て、人口は七五万人になっていました。その中の半分は白人で、他は黒人でした。

今を去ること一〇年前の一七八三年ごろ、町の公会(4)の牧師ウエルリングトンが妻と共に避暑に滞在し、メレイライヲンの伝記を読んでその働きを知りました。夫妻は愛する二人の子を失って茫然としていた時だったので、神から働くように時を与えられたと大いに感じ入り、今までの悲しみを忘れました。夫妻はアメリカにいる友に、メレイライヲンと彼女の学校に関する書物などを送るよう頼んだので、それらの書物と共にフィスカ氏の働きを書いた本が送られてきました。夫妻はますますその志を強くし、この国の女性の為に、同じような学校を建てようと熱心に求めました。創立の理念、組織や規則等もくわしく知りたいとアメリカの本校に手紙を出し、卒業生一人を派遣してほしいと申し出て、夫妻は日夜祈り、働き、一時の休みも取らずに努力しました。一方この夫妻からの手紙が本校に届くや、学校中がその望みを称賛し、伝道の地が新たに与えられたことを喜び、この働きに応じてくれる卒業生を求めると、二人が申し出ました。二人の決心は神の御心と思われ、先方の希望に合わせて一人だけを遣わすことはよいとは思わなかったので、派遣するのは二人と決めました。アフリカ行きが決まった二人は先方の祈りを神が許されたと思い、大喜びをしました。学校からは二人を派遣すると夫妻に報告したのですが、この手紙が届かないうちに夫妻から教師一人分の旅費を送ってきたので、まだ知らせを受けないのに願いが達せられたと信じているその篤い信仰心を、学校関係者はもとより当時アメリカの有名な牧師コリックも、褒め称えました。一方アメリカからの手紙がケープコロニーに着くと、夫妻をはじめその他の者は、希望していたよりも教師が倍になったと大変喜び、感謝の大集会を開きました。この時牧師は、自分たちの計画や理想と、メレイライヲンの履歴や世間に与えた貴い働きを述べ、今まさに、この地に若い女性達の為の素晴らしい学校を起こすようになったこと、また間もなく二人の教師が来校してくれることなどをくわしく話し、感謝と今後の守りを祈念する祈祷を捧げました。さらに有志に寄付金を依頼し、もともと富裕な人はいない土地であるのに、わずか一ヶ月も経たないうちに、六〇〇〇円余りの額に達しました。ある未亡人などはその生活費以外すべてのお金を寄付してくれ、その金額は三五〇円だったそうです。

この学校がかつて三〇〇人のユグナートの活動が発祥であったことの記念碑を建てようと積み立てていた費用も全てこの学校創立の資金に組み入れ、代わりにこの学校を「ユグナート校」と名付けたことも特記すべきかもしれません。学校は子孫に大きな利益を与えるものだからです。

直ちに学校建築にかかり、間もなく、あの二人の教師も着任しました。ウエルリングトン牧師が教師派遣をアメリカに頼んでから、一年もたたないうちに、工事もはかどり、四ヶ月後開校することが出来ました。

学校は落成し、各方面から一五才以上四〇才未満の女性四〇人を入学許可しました。教科は、メレイライヌンが初めて学校を開いた時の授業とほぼ同じとし、生徒も定員数分集まったので学則[5]を決めました。教師は生徒を集めて、「アメリカの学校では、毎日半時間、生徒それぞれ別室で聖書を読み、神に祈るようにしています。これは最も大切なことで、学校が隆盛した根本には、多分この時間を設けたのによるでしょう。だからこの学校もまたこの時間を設けますが強いて祈祷と聖書を読めとは申しません。それぞれの自由に任せます。しかし、この時間の間は各々個室にいることは必ず守って下さい」と言いました。後に、ある生徒は、「それまでは神を信じていなかったのですが、個室に入った時のその静かさにおのずと心が落ち着き、まるで神様のおそば近くにいるようで、そのお声は聞こえないにもかかわらず、心の中で神様は私に命じられて『あなたは私の子となりなさい』とおっしゃったように響き、自分が罪に満ちていることに畏れおののき、直ちに跪いて、身も魂も神様に捧げました。今は大きな平安の内にいます」と言いました。かつてアメリカのメレイライヌンの学校に、たびたび聖霊が下ったように、この学校にも同じように、聖霊降臨の恵みをいただきました。年度終わりには、入学生で神を信じなかった者は一人もいなかったと聞くと、その盛んなさまが察せられましょう。

学校が南アフリカに創設されて以来、恵みが次第に四方に広まり、南アフリカ各地に一一校が建てられ、アメリカより渡航して働いた女性教師は、三八人になります。うち二人はこの地で永眠し、五人は事情があって本国に帰りましたが、残り三一人は、今もこの地で働いています。これ等の学校の中で、アメリカの伝道協会の援助のみで建てられたものは、ユグナート校一校だけであり、地方の学校はみな公費で建てました。ですから修理代などはその地方で負担し、費用が不足した時は、政府の補助を受けています。このように女性に対して公の教育が行われているさまは、メレイライヲンへの恩寵ではではないでしょうか。今ここに筆を措くにあたり、再び彼女の功績を述べてこの終わりを結びます。

そもそも彼女が、マサチューセッツ州に学校を創立した当時を振り返ると、初めから大きな志をもって出発したのが判ります。当時メレイライヲンは妹に、行き先は暗黒で、見きわめるのはむずかしいのですが、神様は必ずその闇路を、良い方へ導いて下さるでしょうと言ったそうです。果たしてその言葉のように、神は彼女を導かれました。この学校を起こす時、メレイライヲンの志も、ただ一国に向いていましたが、今となっては万国の女学校がみな、神の恵みを受けたことを証しています。また彼女がはじめ設立したのは、貧しい人々の為でしたが、今は富んでいる人もその恵みを受けるようになり、それればかりでなく、メレイライヲンの名の伝わる所はどこででも女子教育が整備しない所はないといっても決して過言ではありません。[6] 聖書にあるように《そうすれば、とがめられるところのない清い者となり、よこしまな曲がった時代の中で、非の打ちどころのない神の子として、世にあって星のように輝き、命の言葉をしっかり保つでしょう。》（フィリピの信徒への手紙二章一五節）とは、思うにメレイライヲンのことを言っているように思います。

（1）現南アフリカ共和国・ケープ植民地

（2）一六世紀から一七世紀の改革派教会。信仰ゆえにオランダに逃れ、さらにケープ植民地に移住して開拓した。
（3）英国国教会の迫害から逃れて北アメリカ・プリマスに入植した。
（4）教会のこと。
（5）マウントホリヨークに準拠した学則をホリヨークプランといった。
（6）伝播のさまを『一代記』の原文は、「メレイライヲンの名のつたはるところに何の地をとはず女子教育の整備ざる所なし」として筆を置く。

4　メレイライヲンが毎朝行った生徒への講話

聖書の講義

○常に聖書を読み続けなさい。毎年同じ個所を読んでその伝えるべき内容を考えなさい。安息日には、少なくとも二時間は慎んで聖書を読む習慣をつけ、順序を追って読みなさい。用事や勉強で忙しいとか知識が少ない人にとって、順を追って読むのは良いのです。考えてもごらんなさい。私達は聖書を読むことがどんなに少ないか、私たちは毎日二、三章でも読む時を持っているでしょうか。どうか慎んで考えて下さい。もし天から声があって、今から決して聖書を読んではならないと言われたならば、私達はどんな気持ちになるでしょう。
○聖書の言葉を暗記し、自分からこれを学ぶ方法をつけるのは人の務めです。あなたが心に響いた個所を正しく暗記して、句や節を勝手に切らないように。これを暗記することによってあなた方は子供に教えるとか、病人に聖書を聞かせる時のように、やさしく口ずさみ、必要な時に流れ出るようになるでしょう。
○聖書は、神さまのみこころの真の意味を表すのに最も適している書物です。聖書の言葉は、他の書物にない不思議な力を持っています。シェイクスピアのような本をそばに置いても満たされません。あなた達は、その言葉とその真を心に留め、折々の熟慮の基として生きなさい。このように一五年間、聖書を読み続けられたことは、どんなに恵みであったか。聖書は掘り尽くすことが出来ない鉱山のようで、私達がこれで全部掘り尽くしたと思った後に、最も高価なダイヤモンドを見つけることがあるのです。旧約聖書にあるイスラエルの歴史は何度繰り返し読んでも読みすぎません。これについては先ず次の三点注目しなさい。それは、イスラエル人は神様の言葉を受けた民族であり、ここから私達の救い主がこられて教会の基となった点、イスラエル人の歴史から人間の心を知ることができる点、もし私達が反省したいと思った時、その方法がこの聖書によく示されている点です。

〇あなた方、旧約聖書の詩篇や新約聖書の使徒たちが書いた書簡集など読むときは、謹んで一字一句を思い、区切れごとに神様に祈りなさい。聖書を開いて読んで深く考えてかつ祈り、自分の心を楽しみなさい。一人座って落ち着いて読むことの歓びと楽しみを味わえる人はキリストの心を信じている証です。聖書の言葉一節一節が心を感動させ、生きる力となる点に於いて、それは他の何物にも及びません。いかなる説教や教理の講義よりなお深く私の心を貫きます。もしも学校で聖書を最も大切にしているならば、勉強や学術がその次となっていても私は心配しません。

肉と霊の種蒔き

〇精神を豊かにし自分の慾に克つ人は、幸いが増し加えられ、霊的にその魂が成長するでしょう。逆に肉の満足を求め、ただ自分を愛する人は、朽ち果てるものを刈ることになるでしょう。この世界で惜しむべきは、自分のことだけを考え、他の人のことを顧みない人です。周囲を見廻すと、ただ安逸を楽しみ、名誉と快楽を求め私欲を太らせようとする人が幾人かいます。その目的を達することができた時には全能力を費やしたのですから、少しは幸福と思うかもしれません。が、それよりも、出来る限り自分の幸いを他の人に広く行き渡らせ、四方の河に流しなさい。そうすれば自分一人の心の中に入れておくよりも大勢の人の心を潤し、その喜びは幾倍にもなるでしょう。皆さんがどれ程の辛苦を受けても、自分の心と身のすべてをかけて私欲を入れずに徳のある清い働きをしたならば、この世でも百倍の報いを受けるでしょう。神様が私達の為に造ってくださった凡ての幸いを身に受けて、それを全宇宙の人々に伝えるのは、私達の義務です。ではどうしたら、これを行えるのでしょうか。自分の利益を考える心を捨て去り、思いと時間と愛と資産とを、他者の為にひたすら用いなさい。そうすれば心から常に真の幸いを味わうでしょう。しかし全力を尽くして人の為になしたことも、キリストがわたし達の為に行い給うた犠牲のすべてには到底及びません。

○私達の最も憎むべきものはわがままです。毒虫が巣食っていると言いましょうか。自分を愛することだけに執着すると失望に終わります。私達はともすると、友達の勧めに乗って、自分の慾や邪念に打ち克つ面が少ない楽な方を選び取る恐れがあります。もし姉妹や友人が慈しみの業をこの世に於いて行おうとするのに気付いたなら、どんなにそれがこの世的な名誉や価値を損なうように思えても、その志を砕いてはなりません。もし自分に打ち克つことが出来れば、今まで以上の幸いがもたらされるでしょう。

○もし二つの道のどちらへ進むか迷った時は、まず自分に打ち克つために、艱難が多くあると思われる方を選びなさい。これこそがあなたにとっては安全で快適な道となり、私達への愛ゆえに御自身を捨て給うた神様と共であると思うに至るでしょう。

○私達は聖書の中に、安楽を求めないようにとの教えを見ます。私達の命は持ち物の多さに拠りません。まず自分の身をキリストに捧げ、その後、キリストに倣って周囲の人々に善をおこないましょう。キリストは、ご自分のための生きる道を求められず、人々の為に行い、ご自分の慾に打ち勝たれました。

倹約

○倹約とは、わずかなお金で、身にあった物事を備えることを言います。倹約の気持ちは自然と良い判断力と雅やかな雰囲気を生みますが、それは大は宮殿の装飾から小は家の暮らし向きまでに現われないことはありません。世の女性達が倹約の美点を知ると、その家での楽しみ、快適さ、上品な趣き、豊かさ、教育、向上心、恵み、善意が必ず増すでしょう。私達の学校は倹約を大切にしているので世に有名です。しかし私達が倹約を尊んで実行している訳は、ただ単に倹約の為ではなく、教育に用いる目的です。そもそも倹約は、人の品格を高め、良い力を与えます。社会に出て、その義務につこうとする人には、これは大いに必要です。私達は、この学校がますます良くなるように願っています。倹約の習慣は、手本や規則、また修練をもって、また身近な手本を見ることで身に付けられます。手本の良さは、単なる真似ではなく、倹約というものを実際に行おうと意識する点にありますが、若い女性は、倹約を身につけている女性と二、三年親しく交わっているうちに自然と身につけることができます。
○もしかして倹約を誤ってけちとなることもありましょう。一人の女性が恵みを施そうと約束したことから一生懸命に倹約のあまり、来客の折に、小さな明かりしかともさなかったとしたならば、人々は必ずこれをけちと思うでしょう。しかしこの人はこの倹約を始めて六カ月も経たなかったので、このように極端になってしまったのであって、日々の倹約の技術が身についたならば、必要な折りは家中を照らし、不必要の時はその明りを消すようになるのです。真の倹約は、心の豊かさにあり、他の人を躓かす事なく、天の知恵に導かれて大きなキリストの教えにあずかります。私達がこれを行えば、それより数百人を感化し、その数百人は数千人を感動させるでしょう。私達が神様からの賜り物をわけもなく費やしてしまったらどうでしょう。その恵みを望めるでしょうか。
○私達が最も倹約すべきもので、時間より大切ものはありません。他の人の時間を大切にしましょう。若い女性達は、他の人の時間を妨げてしまうことに陥りやすいようです。特に遊びの日には、これを最も謹む必要があります。

時を大切に

○何をするにも、時間を守ることが最も大切です。まず何が出来るか、何をすべきかと自問してから行動しなさい。もしほんの一、二分の時間でも守らない癖があって、それがだんだんと習慣になったら、世間の人はあなた方のことを良くは思わなくなり、ついには、顧みられなくなり、用いられもせず、不幸な思いを持つようになります。ほんの少しの時間を守られなかったことから、自らをもキリスト者であるかと恥じらいを覚えるでしょう。

○何かを行う義務が起こった時は、その時間の数分間前にはその用意を整えておきなさい。生涯この教えを守り、集まりに行く時は、時間を大切にする姿勢でもって人を励まして良い方へ導いて下さい。私達が正しく時間を守ることで、人のよき助け手となるでしょう。

何を食べようかと思いわずらうな

○自分や友達の身の上を心配したりして私達は不必要な思い煩いをすることがありますが、これらのすべてを、必ず助け守り給う方に怖れることなくお任せ出来ることはなんと幸いでしょう。天地創造の神様が、私達に対して御心を用いてくださるとは何と不思議でしょう。神様がわたし達に心を用いてくださるのですから、私達は決して悲しい思いをしません。進んで自分の義務を尽そうとする時、神様はあなたの将来を見守ってくださいます。この身をお委ねする心を神様は祝福されるだろうかと思い煩いながらも、心の中は喜びに満ちています。暗黒な状態が永く続いても、神様にお委ねしましょう。キリストに従っていれば、この世的な確かさや安全さは求めません。イエスはその子供達をその道をまっすぐに歩ませてくださいます。ただ神様にお任せしましょう。

あなたがたはこの世にあっては艱難を受けるでしょう

○私達がこの世で受ける楽しみ、喜び、幸いについては、多くの人がこれを述べてきましたが、この世界ではなお誘惑と悲しみと患難があります。多くの悪に抑え込まれ、罪の重荷に苦しんでいても、イエスを仰ぎ見る姿勢によって私達はこの悪から救い出されます。イエスを仰ぎ見ましょう。しかし、ただ単にイエスを仰いで誘惑から免れようと願うのは、大きな誤りです。試練は私達と私達の救い主との間に、大きな思い合いの心を起こさせます。すでに仔羊の血に清められて豊かな人生を送っている人々も、大きな悲しみを通って生まれ出て来た者たちです。私達はその結果をみて喜びますが、ここ迄来るところの道程は決して楽しいものではありません。もしキリストと同じ思いを持ちたいと思うならば、十字架を担う義務を負っています。あえて十字架を強く求めずとも良いのですが、決して回り道してこれを避けることをしないように。キリスト者の生活は、喜びの生活だというのは、ただ一方を見たものです。キリスト者に苦しみが多い時はまた喜びもますます多いとは、信じられないでしょうが真です。苦しみには三つのものがあります。第一は罪から生じる苦しみ、第二は世俗の苦しみで、第三は義務の道を守ることより来る苦しみです。この最後の苦しみは私達に大きな果報を与えてくれます。私達はキリストの苦しみは最後の苦しみで終わるとは思いません。キリストの命は、絶えることのない苦しみによって生まれる命です。私達の命もこの様であると思ってよいでしょう。

○救い主が、主の祈りで、「私達を悪の道に誘われないように」教えられたのは、私達の弱さをしっかりと顧みて下さったということです。どうか、日々主が私達を導き給う私の時間と能力を、悪魔の試みのために費やす事がないようにし、むしろこれを主の御用のために用いられるよう、祈りましょう。苦しみと悩みから免れるようにと願うと同時に、楽しみと安楽の誘惑に陥らないよう祈りましょう。もし試みにあった時は、本当に誘惑の道に陥っていないか顧みましょう。

聖旨(みこころ)に任せなさい

○私達は生まれつき慾が強く、またそれを改めようとしていません。しかし一方で私達は、この慾の心を神様の聖旨に沿わせたいとも願っています。世の父母たちは、自分の子どもが欲が深いと感じられると、本当に困ったと歎きますが、これが本当に強情な心ならば確かに不幸なことです。だがもしこれがしっかりした意志で自分より高尚で清らかなものに従おうとするゆえの強情ならば、大きな幸いです。幼児が自分の心を、父母や先生の教えに従おうとする過程で却って父母や先生をキリストに導く縁となることもありましょう。私は皆さんに今この聖書の一節を深く心に留めて、このあといつかは行動に移せるように願っています。あなた方が思いもよらぬところで困難にあった時、この思いを心に響かせる時が来るかもしれません。これは家族の内にてもそうです。もし家族の一人でも、《父よ、できることなら、この杯をわたしから過ぎ去らせてください。しかし、わたしの願いどおりではなく、御心のままに》（マタイによる福音書二六章三九節）と祈ることが出来るならば、その家族から不安は除かれるでしょう。

○私達は重大な時にあたってそこに神様の御導きを確信できれば、従うでしょうが、神様が人を通してその御心を表された時は、私達はえてして従おうとしないのですが、これは決して、してはなりません。天よりのご指示は、神様の御心を表し示すだけで、その声は聞こえません。つまりあなたの上に降るものはすべて、神様の聖旨より来るものです。神様は、ただその聖旨を、あなた方に示し伝えようと、待っていらっしゃいます。私達は幼児のように、神様の御心の示される所へ進み導かれるよう願い、私達の正しい喜びと持ち物を捧げる心があれば、何で楽しくないことがありましょうか。神様の為に健康と友を犠牲にしても、それを受け入れて且つわが喜びと為す覚悟があれば、にもかかわらず健康と友を与えられた時の喜びは、さぞ大きなものとなるでしょう。それなら私達の心は、ちょうどアブラハムとサラがモリア山でイサクを与えられた（創世記二二章）ようになるでしょう。私達が行おうとするすべてに、神様の聖旨があるのですから、これを行い、また私達の持ち物は神様の物ですから、かりに私達よりこれを取られても、神様はこれを守り導き給うと常に思うならば、これこそ真の幸福といえるでしょう。

メレイライヲンのいくつかの言葉

○常に捷速にして狼狽へる勿れ
○智識を求めて善を為さんことを勤めよ
○寧ろ道理に従て感情に導かるる勿れ
○小事に非常の感情を起こさざるやう慎むべし
○各日の終りに謹んで爾等の行を省よ
○醜き面容をなす勿れ
○人の注意を引起こす様なる事を為さざらんことを勤めよ
○偏癖の性質を除くことを勤めよ
○家内の勤務を行ひ之に練熟るべし
○善を求めて善を行へ

本書の発行所

神戸港栄町三丁目　福音舎
大坂京町堀四丁目　福音舎
西京寺町夷川下ル西側　福音堂
東京銀座三丁目　十字屋
同　神田須田町二五番地　原胤昭
横浜四二番地　耶蘇教書類売捌所

1870年ころの学校

50年後

『メレイライヲン一代記』解題

一　『メレイライヲン一代記』

成立の背景

本書はタテ二七センチ、ヨコ一九センチ、全一四四ページの小冊子であり、アメリカ・トラクト協会版の『ライオン伝』（一八五八年出版）をもとに日本の読者に向けた米国宣教師ダッドレーによる抄訳本です。米国宣教師事務局（神戸）より一五〇〇部が発行されました。近代の日本におけるLyon伝は『女学雑誌』も第一一五〜一一八号（明治二一年）に「佳傳　米國女學校最初設立者メレイ、ライヲン女史」を掲載しています。

まず「緒書（はしがき）」で女性のための「未曽有(まだあらぬ)ところの学宇(がくこう)」であるマウント・ホリヨーク・フィーメール・セミナリー（Mount Holyoke Femal Seminary）を設立したメアリ・ライヲン（Mary Lyon）の功績を紹介し、「もし果して氏が精神(まごゝろ)のある所を認ることを得ば庶幾(こひねがはく)はその所業(はたらき)を補益(たすけ)することあらん」と記しているように、Lyonが生涯をかけて問い続けた女子教育への志を紹介し、教育が女性の生涯にいかに大事業であるかを述べており、そこからは日本女性の覚醒を願う想いと熱気が読みとれます。

一九世紀アメリカの信仰復興運動によって燃えるような熱い福音伝道の波がついに日本に到着し、プロテスタントの伝道が日本で始まったのは約一五〇年前のことです。

一八五八年（安政五年）の日米修好通商条約による居留地内での「外国人の信教の自由」は外国人宣教師の来日を可能にし、翌年には長崎にリギンス、ウイリアムス、神奈川にヘボン、ブラウン、シモンズが上陸し、日本宣教への準備を始めました。さらに神戸開港（一八六八年〈明治元年〉）で居留が許されるや米国伝道会は、一八六九年に宣教師グリーンを派遣、神戸を伝道活動の拠点と定めました。後の神戸女学院の創立者、イライザ・タルカットとジュリア・ダッドレーが来日したのは、まさにキリシタン禁令の高札が外されたわずか一か月後の一八七三年でした。このダッドレーが本著の著述に大きくかかわっています。

『一代記』の出版年である一八八三年（明治一六年）は、四月には宣教師バラの夢にはじまる聖霊降臨によって横浜海岸教会の信仰的覚醒にうながされた「小さき書生かよわき少女」の伝道熱が、一般信徒に伝播して現出した横浜リバイバルとなり、五月には東京築地の新栄教会における「第三回全国基督者信徒大親睦会」がペンテコステ的熱狂にみたされ、「十年ならずして我国は基督教国となる」「国会に選出さるべき代議士の多数は基督教徒」だと叫ぶ熱気に包まれました。その翌一八八四年、京都同志社でもリバイバルが起き、キリスト教宣教熱が世を覆いました。

一八八三年に開設された鹿鳴館に象徴される欧化主義の風潮に乗じてプロテスタント系女学校が各地に創設されていきました。日本人による自給自営のプロテスタント系女学校の試みは、東京に原女学校（明治九年五月開校、一一年七月閉校）、桜井女学校（明治九年）、大阪に梅花女学校（明治一一年）などの開設にみることができます。鹿鳴館時代末期にはキリスト教系女学校（プロテスタント系とカトリック系両者を含む）の数は、統廃合されたものを除いても五〇校を上回っていました。この数字は一八八九（明治二二）年末の官公立女学校の総数が九校にすぎなかったことをみれば、当時の日本の女子教育に占めたキリスト教系女学校の勢力がいかに大きかったかを物語っています。

社会の要石として生きる

『一代記』が「未曾知の迷夢を破り爰にはじめて天下の婦女たるものをして固有の通義を暢達すべきことを得しめたり」と記すように、これらの学校は一人の人間としての自覚を促し、課題を考え見出し行動に移すことのできる近代的女性を育てました。女性の社会的地位向上に貢献したもの、廃娼運動や参政権運動など社会改革の歩みを進めたもの、キリスト教学校の教師となり首都圏外にも赴任したもの、さらに上級学校めざして諸外国に留学したもの、いわゆるクリスチャンホーム形成に勤しんだもの、などにみられるように、「世の光」「地の塩」として生きたその根底には、創造主との垂直的縦関係から樹立される人格形成の理念がその生涯を貫く地下水脈のように流れていました。

維新開化の時代を一人の女性として生きたいと願った日本の女性たちは、神の前でいかに生きるかを真摯に問いかける範例をLyonの『一代記』に見出していきます。それは主として『一代記』に、「われら此世に於て畏懼るべきものなし只義務を知らざることとこれを知りて行ふことを得ざることをのみ畏懼るべしといへり」と、それはまた『女学雑誌』一一八号には、「汝等決して死を懼るる勿れ世上に於て只だ懼るべきは自己の義務を知らぬことを知つて之を行わぬことに在る也」と紹介される、死を前にして生徒に言い残した言葉でした。遺言ともいうべきこの言葉は、マウント・ホリヨーク構内のLyonの墓の墓碑銘〈背面〉に以下のように記されています。

THERE IS NOTHING IN THE
UNIVERSE THAT I FEAR BUT
THAT I SHALL NOT KNOW ALL
MY DUTY, OR SHALL FAIL
TO DO IT

かつて『Lyon 伝』を読み、一八九二年にマウント・ホリヨークに留学した山脇花（のち井深花）の『女学雑誌』に連載の巖本善治宛「米国通信」は、Lyon の墓のある森を逍遥しつつ、「石碑に口はあらねども、“Come,come will give you noble heart,sweet character.” といと愛らしき声音に語ろふ如く思はれて思はず知らず暇あらば森の水陰に歩む心を起こさしむるは彼女の徳なるか」と報告しました。帰国後花は、神戸女学院、東洋英和女学校（現東洋英和女学院）や女子学院で数学、物理、化学を教え、日本基督教婦人矯風会常設委員、副会頭、神戸女学院理事、東京女子大学理事、YMCA同盟委員長など要職を歴任しつつ、夫である明治学院総理井深梶之助の社会的活動を支えました。彼女も『一代記』を通して Lyon の「徳」に奮起した一人でした。

さらに『一代記　九　念願の大学創立』で、Lyon がセミナリーの定礎式で、隅の石に「身分の低い、この主のはしためにも目を留めてくださったからです。今から後、いつの世の人もわたしを幸いな者と言うでしょう」（ルカによる福音書　一章四八節）というイエスの母マリアの讃歌を刻んだ点に注目させられます。この言葉は詩編一四四：一二の「That our daughters be as corner stones, Polished after the similitude of a palace」（われらのむすこたちはその若い時、よく育った草木のようです。われらの娘たちは宮の建物のために刻まれたすみの柱のようです）（一九五五年版聖書）を反映していましょう。一八三六年一〇月九日　グラント氏宛ての手紙にはこう記されます。

「石、れんが、モルタルは言葉を物語り、それはわたしの魂の奥底を通して響き渡る。過ぎにし年月、どれ位この普遍的な問題について思いをもち続けてきただろうか。そしてとうとう男性の多数が女性の教育のための学校に、一五〇〇〇ドルをもかかる大建築物の隅石を据える時を自分は見る時が来たのだ。主は確かに私たちの低い地位を覚えておられた。これは女性の教育における一つの時代となるであろう。この仕事はこの学校だけでは止まらないであろう。この事業は、これからも財政困難に苦しまなければならないかもしれないが、その影響の大きさが感じられる。」

「主のはしため」である自分が神に用いられて、恵みの御業を担う者とされた幸いを感謝しつつ「社会の要石」として生き得る教育をLyonは目指したと言えましょう。その姿勢に己を重ねることで女性たちは生命の息吹を注がれました。『一代記』の出版は、イエスのメッセージに感奮したキリスト者女性にとり、未だなお閉ざされた社会にあって明日を拓き生きる方途を指し示し、己の足で歩むことを示唆するものとして受けとめられたと言えます。

『メレイライヲン一代記』

Lyonは一八二〇年代から教師養成に従事し、その経験を通して「あるべき理想の学校」設立への志をかためていきます。一九世紀前半のアメリカにおける普通教育熱の高まりと、西部や南部開発に伴う教師要請を受けて、一八三二年に『ニュー・イングランドにおける教師養成のための女子セミナリー』と題するアピールを公にし、準備期間を経て一八三七年にマウント・ホリヨークを設立します。創設後一二年でLyonは世を去りますが、その死後まもなく彼女の伝記が、ヒッチコック牧師によって編纂されました。

ヒッチコックはマウント・ホリヨークの支援者としてその創設に参画し、理事を務めた人ですが、その編著による伝記『メアリ・ライアンの生涯と事業に見られるキリスト教的愛の力』は、後に版権がアメリカ・トラクト協会に委譲され、編著者名を削除し、マウント・ホリヨークについての詳細を省略する形で書き改められ、一八五八年に同協会から出版されました（戸田　一九九四）。さらに開化期の日本の神戸で、アメリカン・ボードの宣教師ジュリア・ダッドレーによって訳出されたものが本書に掲載した『メレイライヲン一代記』です。

『一代記』は、「端書」から始まり、一章から九章まではLyonの生い立ちとマウント・ホリヨークの創設、十章・

十一章には宗教と教育が一体化したセミナリーの在りよう、十二章はLyonの死、付録部分には卒業生のLyonに寄せる思い出と共に、ケープタウンの姉妹校の例を挙げて女子教育の大切さを奨励し、女性への伝道や社会的な活動に出で立とうと志す女性は、「大事業」を目指すべきである。しかしそれは「克己心」を必要とする。そのためには、具体的に「倹約」「時を大切に」「思い悩むな」「艱難を受けるであろう」「聖旨(みこころ)を大切に」と諭し、最終章のLyonの言葉のアンソロジーでは、読者を特定し、親が子を諭すような手法でもって、祈りつつ、授業・家事労働・学校管理・生徒への心配りと絶えず行動するLyonの実のある生き方を浮かび上がらせ、社会に飛び立つ心構えを語り、筆を措きます。

一八四九年のLyonの死後、マウント・ホリヨークは有能な後継者に受け継がれ、一八八八年には学位授与機関としての認可がおりました。現在のマウント・ホリヨーク大学はセブン・シスターズのひとつであり、三〇〇〇以上あるといわれるアメリカの大学中最難関校とされ、U.S. News & World Reportのリベラルアーツカレッジランキングで常にトップ一パーセントに入り、優秀な生徒達が集まり、理科に強いカリキュラムを備えています。

二　Lyonの略歴

一七九七年二月二八日　父アロン（Aron）母ジェミマ（Jemima）の二男六女の五番目の子としてマサチューセッツ州西北部のバックランド（Buckland）の農家に生まれる。両親は篤い信仰者であった。

一八〇二年（五歳）父親を失い、母と七人の子どもが残される。

一八一〇年（一三歳）母の再婚により、長男たちと家に残り、家事を担当した。

一八一四年（一七歳）自活の道を歩み始め、バックランド近郊の夏季教師の仕事に就く。一九世紀初頭のマサチューセッツ州では農繁期で男子生徒が少なくなる夏季学校のみ、独身女性教師が採用された。

一八一七年（二〇歳）貪欲なまでに学習機会を求め、サンダーソン・アカデミーやアマースト・アカデミーに学ぶ。男子用の大学のラテン語の教科書一冊を三日で暗唱したという。入学後数カ月で貯金を使い果たし、悄然としているのに気付いた議員会が月謝を免除した。

一八二一年（二四歳）女性は高い学問的水準にまで学びうるという信念の持ち主であったバイフィールド・セミナリーのジョセフ・エマーソンに学び、女性教師を養成するレベルの高い学校構想を持ち始める。一八一六年にエマーソンは牧師を辞し、妻とバイフィールドに女子セミナリーを設立し、教師養成教育をはじめていた。エマーソンの助手であるジルファ・グラントに出会い、交友が始まるが、この学校で学んだのはわずか六カ月間にすぎず、学費がなくなると、再び教職に戻った。

一八二三年（二五歳）アダムス・セミナリーの「補助教師」となる。

一八二四年（二六歳）二四年からサンダーソン・アカデミー、二八年からイプスイッチセミナリで教師として教壇に立つ。後年マウント・ホリヨークの理事として、また最初の伝記作者、生涯の理解者・支援者であったエドワード・ヒッチコック牧師の下で化学と自然科学を、同妻のオーラ・ホワイトからは製図や絵画も学ぶ。

一八二五年（二七歳）　冬季にバックランドで女学校の教師も勤め、アッシュフィールド・セミナリーなどでも経験を重ねながら、アーマスト・カレッジ教授であるアモス・イートンの化学や自然史の講義などで研さんに励み、経験の積み重ねと良き師との出会いによって、女性教師の養成を自らの使命と感ずるように至る。

一八三〇～三四年　グラント校長の下で、最高の女子教育機関の一つであったイプスウィッチ・セミナリーの副校長に就任。病身のグラントに代わり、教育・管理運営に指導的役割を果たし、この経験がマウント・ホリヨーク設立の直接的動機と基礎になる。同校は、一八三一年から三五年までに五三名以上を西部・南部に派遣。Lyon のセミナリー構想に「女性教師養成」が謳われているのは当然のことだった。

一八三二年一〇月二二日（三五歳）最初のセミナリー構想である『ニュー・イングランドにおける教師養成のための女子セミナリー』と題するアピールを公にする。

一八三四年（三七歳）イプスウィッチを辞し、廉価な学費で行ける女性教師の養成機関設立に向けて「信仰と勇気」（『一代記』八の言葉）をもって行動を開始。以後の三年間を資金集めや必要な援助を得るために身を挺す。創設基金や学生募集のために公刊されたパンフレットは計八種類に及ぶとされる。

一八三七年五月　最終的募金趣意書『マウント・ホリヨーク女子セミナリーの概要―その拠って立つべき諸原理と全体計画―』を二〇〇〇部発行。

同年一一月八日　ホリヨーク山の麓のサウス・ハドレーに、マウント・ホリヨーク・フィーメール・セミナリーを八〇名の生徒で開校。入学試験の成績に応じ、一年生六九人、二年生三四人、三年生四人、クラス未定が九名、計一一六人。女性の役割を模索し、包括的かつ正確、だれが見ても公平な理に適う科学的な学問の姿勢に基づく生き方を学生に求めたと言われる。

一八四〇年（四三歳）チブスが大流行し、一二九名の学生のうち三分の一が罹患し、九名死亡という事態が起きた。

同年　『マウント・ホリヨーク・セミナリーの教育理念と制度』と題する書物を出版。

一八四二年（四五歳）校舎増築を重ね、入学者数二五〇人。

一八四九年（五二歳）学校維持、伝道者派遣による教師不足から身を粉にして働き、しだいに健康を害す。

　同年三月五日　死去。死因は当時看病していた学生から感染した丹毒とされる。同構内に葬られた。

三　訳出者E・ダッドレーと日本人協力者たち

コラム『メレイライヲン一代記』によせて

『Thy Will Be Done —聖和の一二八年—』のコラム4「『メレイライヲン一代記』によせて」には次のように記されています。

①『メレイライヲン一代記』は一八八三年にダッドレーが訳出出版したものである。
②東京のミッションスクールの女学生たちは、ダッドレーのこの翻訳書を繰り返し読んでいた。Lyonは、当時のキリスト教界の日本女性たちと女性宣教師のスーパーアイドルとして尊敬され、手本とされていた。
③ダッドレーも信仰者、教育者としてのLyonの生き方に憧れ、影響を受けたに違いない。幼くして父を亡くし、賢明な母に育てられたこと、貧しい中で信仰と勉学に打ち込む姿、女性たちへの伝道と教育への献身、女性の宗教教育を行う学校を開くこと、外国伝道への想いなど、二人はそっくりである。Lyonは四〇歳でようやくマウント・ホリヨークを創立し、一二年間の苦闘の末、五二歳で亡くなるが、ダッドレーもまた四〇歳の頃、神戸女子神学校をスタートさせ、六〇歳で病いのため帰国し、六年後に亡くなっている。
④『一代記』に書かれたLyonの寄宿生活の中で寝食を共にしながら身をもって教える生徒たちへの接し方は『恩師

ミス・ダッドレー』に記されたダッドレーの生き方と精神に驚くほど重なる。

⑤二人はこの世における苦しみが、必ず希望につながることを同じように信じていた。Lyonの残した「常に捷速（すみやか）にして狼狽（うろた）へる勿れ」（『一代記』百四十三頁）は、ダッドレーの普段の行動そのものだったのではないだろうか。

⑥Lyonがマウント・ホリヨークという学校の形を創りだし、女子教育を今に至る後世に残したように、ダッドレーも私たちに学校を、そして、今も手に取って読むことのできる書物を残してくれた。年表を追っていると、ダッドレーが休暇帰米後や「体調を崩し静養中」にも、何か出版していることに気付く。休暇に向かう船の中や静養先だけが彼女の書く場所だったのかもしれない。また、日本語にするためには、日本人の協力者を得ての膨大な共同作業も必要だっただろう。

⑦『一代記』は多くの時間と労力がかけられている。ダッドレーは、この本を送りだすことによって、イエス・キリストの福音に生きたひとりの女性の生き方を、日本のたくさんの読者に見えるように届けたのだ。

②に出てくる「東京のミッションスクールの女学生」の一人が、明治一三年に桜井女学校に入学した峯尾ゑいです。教会でその存在を見知った宣教師ミセス・ツルーを慕い桜井女学校に入学した峯尾ゑいは、『女子学院八〇年史』に「翻譯の出来たばかりの『世を渡るたつきの風琴』『メレーライオンの傳』を繰り返し読んだ」と記しています。まさにゑいは開化の先端を行く桜井女学校に学び、高き理想をめざして生きることを説いたミセス・ツルーに育てられ、桜井女学校英語科では翻訳者としてもツルーの活動を助けました。卒業する一八八七年（明治二〇年）に渡米、ニューヨークのエルマイラ女子大学に学びました。帰国後の一八〇九（明治二三）年に牧師田村直臣と結婚、女子学院となった母校の教壇に立ちつつ『日本の花嫁』で糾弾された直臣を支え、女性の地位向上をめざして働きました。

J・E・ダッドレーとその協力者たち

J・E・ダッドレーは一八四〇年、米国イリノイ州に生まれ、一八七三年にアメリカン・ボードの中部婦人伝道会の初の独身女性宣教師としてイライザ・タルカットとともに神戸に降り立ちました。ダッドレー三三歳の時でした。兵庫県三田（さんだ）や四国への伝道に勤しみ、後に神戸女学院となる「女子の寄宿学校」（神戸ホーム）をタルカットと創設し、一九〇一年に帰国するまで女性伝道師の養成と伝道に心血を注ぐとともに、著書に『聖書史記問答』『育幼艸（こそだてぐさ）』など、訳書に『メレイライヲン一代記』などを残しました。竹中正夫著『ゆくてはるかに』は、ダッドレーが一八八一年一〇月二一日付の書簡にLyon伝の翻訳作業開始を記していることを紹介しています。一八八三年に『一代記』を発刊するまでに三年の歳月を費やしますが、その仕事への日本人協力者について、『Thy Will Be Done』は鈴木清という注目すべき存在を次のように伝えてくれます。

> ダッドレー著の『聖書史記問答』和綴の原本には奥付がなく下記のようなメモがはさまれている。「聖書史記問答　明治一二年出版　本書ハ米国宣教師ダッレー女史ト其日本語教師鈴木清氏ノ共著ニテ日本日曜学校教材トシテ日本ニ於ケル第二番目ノ書デアリ神戸ニテ七一雑報社ノ印刷ニテ出版セラレタ」。ここから神戸教会最初の受洗者である鈴木清がダッドレーの日本語教師であり、『聖書史記問答』の共著者（日本語への訳者か）であったことが推察される。

鈴木清（一八四八〜一九一五年）は、元摂津国三田（現兵庫県三田市）藩士で、九鬼家重臣の家系でしたが、廃藩置県後神戸に移り、アメリカン・ボードの宣教師との出会いを機にキリスト者となり、一八七四年（明治七年）日本初の組合派教会である摂津第一基督公会（現日本キリスト教団神戸教会）の創設に参画しました。ダッドレーの「日本語教師」であった彼は、一八八〇年に移民による浦河開拓を目的とするキリスト教結社である「赤心社」を興し、新天地北海道開墾に力を注ぎました。赤心社の東京委員の一人である桜井女学校校長桜井チカの夫桜井昭悳も鈴木清に続き献身を志し、函館での開拓伝道を決意します。チカは桜井女学校を矢嶋楫子とミセス・ツルーに託し夫に帯同しますが、新天地開拓に不可欠な女子教育と伝道に今後の己が生を懸けさせたその源に、鈴木清の貴い心意気があったことも見逃せません。

さらに『ゆく手はるかに』は、英国の物語『クリスティーの古いオルガン』を『世を渡るたつきの風琴』名で訳出出版を行った田島佳志名をあげています。いずれにしても訳出者たちの、日本人が共有してきた記憶に根ざす故事来歴をたくみに取り込みながらLyonの信仰と志を説いている文章作法や、神概念を「造化の秘蘊（かくれたること）」「天（てんのどうり）」「天」「天道（かみ）」「上帝（かみ）」、聖書を「聖経」と表記するなどは、儒教的教養の持ち主であり、その筆致は、儒教的規範をもってキリスト教に触れて未だ浅い女性読者層をして、信仰に生きるとは何かを問い質し、己の信仰世界を確かめさせ、その心を鼓舞せしめるものです。

発行所　神戸市栄町三丁目　福音舎

ダッドレーが「書く」ことでキリストの心を広めようとしたように、伝道の草創期に宣教師たちは、キリスト教に触れたばかりの人を対象に文書伝道として『七一雑報』や「トラクト」と呼ばれる伝道用のパンフレット・小冊子を出版しました。

『七一雑報』（しちいちざっぽう）は、やがて熊本伝道に赴き熊本女学校（二五四頁参照）と係わることになるO・H・ギューリックの後援によって今村謙吉を中心とし、一八七五（明治八）年より一八八三年、つまり『一代記』が発刊された年まで、神戸・中山手五九番で発行された日本最初のキリスト教の週刊新聞です。日本の暦の制度が太陰暦から太陽暦に変更され、日曜休日制度が太政官より布告された一八七三年以前に週という概念を登場させ、紙面には家屋改良談から、「ソップの作り方」・「ビーフ・チーの煎じ方」・『天路歴程』の翻訳まで多岐にわたり、第一一号にはダッドレーがアメリカの新聞から安息日学校（日曜学校・教会学校）の記事を紹介し、解説を付けた「米国新聞之摘訳」を載せました。

ダッドレーたちの教師館の後ろあった『七一雑報』の印刷所にはもう一つの看板である「米国派遣宣教師事務局」を掲げ、キリスト教図書の出版がされ、『一代記』発行の本拠地となりました。ダッドレーとその協働者たちが出入りする姿が浮かぶようです。一八八三年つまり、『一代記』発行の年に、社告で内容を「信徒の美事善行とその家庭の教訓となるべき」記事に絞り、女性や子どもも楽に読めるものにすると宣言し誌名を『福音新報』と改め、発行所を神戸栄町福音社に移します。従って『一代記』奥付に本書の発行所として、「神戸港栄町三丁目　福音舎」と記されました。翌年同社は大阪土佐堀三丁目に移転しています。

一方、東京の原胤明は嘉永六年に江戸に生まれ、明治七年にC・カロザース宣教師より洗礼を受け、聖書の輸入をきっかけに、銀座三丁目にキリスト教書店の十字屋を創業、明治九年、カロザースの妻であるJ・カロザースのA六番女学校が閉校になるのを惜しんであとを引き継ぎ、原女学校を開設しました。この学校が後年女子学院につながります。原は十字屋を人に譲り、神田須田町二五番地に錦絵の問屋を開き、クリスマスカードやカレンダーを販売しました。

一八八五年の横浜外国人居留地の公的機能・教会等の配置図に「42.American Bible Society」が載っています。「横浜四二番地　耶蘇教書類売捌所」でしょうか。

端書の魅力

「端書」を抄訳者は以下で書きだしています。

連城（あたひかたき）の璧も之を琢磨（みがく）せざれば玲瓏（すきとほり）たる美質（うるはしきゝじ）を呈すことなく齊東の野人も知識を開達する時ハ霊妙の眞価を出すべしことは既に三尺の童子もよく知ところの語なり。

「連城の璧」とは、「世にも珍しい宝」（出典『史記』）のことです。読みと意味を漢字の左右に併記する方法で読み手の理解を助けつつ、読み手が「玉磨かざれば光なし」（『礼記』）や「切磋琢磨」（『詩経』）を思い起こすように、『一代記』の訳出者は日本人の身の丈にあった表現でもって、冒頭から読者をLyon の世界へ引きずり込み、境遇がどうであれ、教育の機会を捉え、努力次第で立派な淑女になることができるとの勇気と警告を与えました。

四　マウント・ホリヨークの設立目的と基本方針

『女学雑誌』一一八号の「佳傳―米国女学校最初設立者　メレイ、ライヲン女史（其四）」に、Lyon の教育の主眼は「智徳の両つを兼ねたる高尚優雅の婦人を造るにあり」と記されます。「知と徳」・「高尚と優雅」を兼ね備えた①敬虔にして教養高い家庭婦人②女性教師③伝道に従事する女性の育成を設立目的に置いて、Lyon は、おおむね以下四項目を経営方針と定めます（齋藤　一九八九）。

①キリスト教主義であること。

②中産階級の女子のための最高の教育施設であり、教育課程や基本性格はイプスウィッチ・セミナリーに準拠する。

③学費が廉価である。
④全ての教師・生徒が学内に止宿し、一つの家族のようにして家事を負担する。

宗教教育

一八世紀中ごろニューイングランドでは信仰復興（リバイバル）が、J・エドワーズの影響で始まりました。信仰の新天地を求めたピルグリム上陸以来の父祖の信仰から離れていく人々に対して、神の審判の迫っていることを説き、悔い改めを要求する運動です。Lyon の半生はその信仰覚醒運動が再興した一九世紀初頭の第二次大覚醒運動と重なります。この大波は、「米国海外伝道協会」、「米国日曜学校連合」、「米国矯風会」結成等に発展し、奴隷解放、禁酒運動、障がい者扶助などの人道的社会改良運動や教育と宣教従事者育成を重要課題と考えるようになりました。「アメリカン・ボード」のグリーン夫妻来日、宣教師・教師派遣、日本組合基督教会、神戸女学院、同志社などの設立はその結実と言えましょう。

エマーソン、サンダーソン、ヒッチコックを始めとするマウント・ホリヨーク創設の協力者達から Lyon も、エドワーズ神学を基礎とする教育哲学と神学を学びました。宣教献身者輩出もこの思想の延長です。多額の経済的援助を得られない状況で、マサチューセッツの町々を文字通り一軒一軒訪ね歩き、一口寄附を女性たちに募るさまが『一代記』には記されていますが、Lyon の教育活動を実質的に支えたのが南北戦争後急速に成長し、第二次大覚醒運動を担った、知的関心のある無数の中産階級の女性たちであることも注目されます。女性たちによる伝道会組織は、主として男性が支配していた外国伝道会から独立し、それぞれが発行した機関誌を通して海を隔てた異教社会に目を向け、支援活動を始めます。『一代記』抄訳者ダッドレーは、まさにアメリカン・ボードから派遣された独身の女性宣教師第一号だったのです。モンゴメリ著『赤毛のアン』では、マリラやリンド夫人は「裁縫の集い」やバザーを開き、「三度の食事を二度に切り詰めて」家計をやりくりして海外伝道後援会の拠金活動をしました。『アンの夢の家』ではクイーン学院でアンと同級生だったプリシラ・グラントが海外宣教師と結婚して日本に住みました。『赤毛のアン』の時代背景がモンゴメリが小学生だった一八八〇年代であれば、まさに『一代記』執筆期と重なります。『一代記』は、そういう女性たちからのプレゼントです。

さてマウント・ホリヨークでは、週に一回の聖書の授業、一日二度のLyonの説教と礼拝に加え、毎日担任による説教と礼拝が設けられ、更に日常的に折にふれて聖書に基づく説教の時間が作られました。Lyonの説教は、「一度聞いたら忘れられないもの」と評判だったそうです（佐久間　二〇〇四）。生徒を迎え入れることができたのは神の意志であり、いくら学業が上達しても「神の眞の子となさざる」隆盛はうわべだけのものと考え、信仰者育成に祈りつつ努力するLyonの姿が『一代記』に克明に描かれていますが、それはLyonの実像でありましょうし、抄訳者をはじめとする外国人宣教師の理想像でもあったことでしょう。

生徒の導き方は「恰（あたか）も農夫のはたらきの如し」とLyonの母の「田畑の教え」が生かされ、一人一人の事情を配慮しながら荒れた心を耕し、種を蒔き、キリスト者としての成熟を充分に見守ったので、卒業時には多くの生徒が信者になったと記されています。Lyon自身は会衆派でしたが、学生募集に際して教派は問いませんでした。

学問的水準とその内容

一九世紀に「セミナリー」と呼ばれているものは牧師養成の「神学校」であるよりも、初等中等教育を了えた女性に一般大学に準じた教科を教える学校のことであり、社会の向上に資するキリスト教的教養の高い女性教師養成機関としてのFemale Seminaryは、一八二一年のトロイセミナリー、二三年のハートフォードセミナリーに続いて三七年にLyonのマウント・ホリヨークセミナリー、八一年には黒人女性のためのスペルマンセミナリーも開校されます。特にマウント・ホリヨークは、各地に派遣された卒業生が母校を範例としてさらなるセミナリーを建設してフィーメール・カレッジへの脱皮の努力をし、海外にも波及して女子教育の可能性を広げました。一九世紀後半から漸次カレッジに昇格しますが、マウント・ホリヨークが、学位授与権を持つカレッジへの昇格を果たしたのはMount Holyoke Seminary and College と改称した一八八八年のことでした。単に"College"とせず、"Seminary and College"としたのは、マウント・ホリヨークにとって"Seminary"こそが金字塔であったのでしょう。

『女学雑誌』（一一七号）掲載の母に送った手紙「私は教育なき女子を見る毎（ごと）に恰（あたか）も骨の中に火を閉込（とぢこ）められたる如くに感じ候」の切羽詰まった思いが、「婦女子（おんなのこ）のために大（おほひ）なる学校を起（おこ）しかれらの学芸（がくもん）を高尚（たかく）ならしめん」と決心し、男子の大学と遜色のないカリキュラムをもつセミナリー構想に繋がります。

発足準備期間中の一八三五年九月に発行されたパンフレットには、一二ページのうち、二ページを割いてモデルとなったイプスウィッチ・セミナリーの教育課程が紹介されています。正規の課程は、「予科」課程に続く二年間の「ジュニア」課程と「シニア」課程とによって構成され、教科目は次の通りです（齋藤　二〇一五）。

予科課程―暗算・筆算・英文法・ユークリッド幾何学の第一巻・近代および古代の地理・合衆国の政治・近代および古代の歴史・植物学・ワッツ著『精神改善論』

ジュニア課程―筆算の仕上げ・英文法の続き・ユークリッド幾何学の第二巻から第四巻・自然哲学・化学・天文学・認識論・修辞学

シニア課程―既習科目の復習とその続き・代数学・教会史・自然宗教および啓示宗教との類比論、キリスト教証験論。

この教育課程は当時としては異例なほど長期であるにも拘わらず、開学初年度に定員九〇人に対して一一六人が入学し、翌年は約二〇〇人の志願者があり、毎年志願者は増え続けました。さらに開校五年後の一八四一年には一七〇人、四八年には二〇〇人以上と定員を増やしましたが、五〇〇人以上の志願者が押し寄せ、半数以上が不合格にされました。この状況は同時期の男性大学が学生不足で経営危機に直面していたのと対照的でした。

『一代記　五』「高等学校入学」（十六頁）の項に記されるように、女子の最高の教育機関設立の願いは高校でその謦咳に接した恩師エマーソンとの出会いに依ります。女性の知的能力を固く信じたLyonは、フィーメール・セミナリーで一般的であったフランス語・音楽・裁縫などを外し、古典語（ギリシャ語ラテン語）を除いて男子の大学のカリキュラムに準拠しました。

女性が科学をアクティブに学ぶことのできる学校であり、Lyonはアマースト大学教授イートンに学んだ経験をもとに実験を重視した授業を行い、指導されて水銀と錫から鏡を作る実験をしたある学生はその感動を同校が「科学の城」だと記しました。残された語録、「一つ一つの授業の準備をする努力をせよ、そうすれば一人一人の生徒に分かりやすく面白い授業ができる」「新しく発見しようという希望があなたがたをますます勤勉にする」「勉強中の本に書かれていない、なにか興味深い内容を生徒に伝えなさい」「感情でなく原則原理に従って行動せよ」「新しく発見しようという希望があなたがたをますます勤勉にする」からは、授業に臨むLyonの周到さがうかがえます（佐久間　二〇〇四）。

マウント・ホリヨーク卒業生で、一八九一年に神戸英和女学校に着任し、理科教育に加えて日曜学校でクラスを担当し始めたホルブルックは、日本の少女たちの高度の英語力と真剣な眼に、「まるでマウント・ホリヨークで、メアリ・ライオンが担当した最初の生徒たちだ」と目を見張り、堅固なクリスチャンに仕上げられる可能性は高く、学校教師やクリスチャンとして日本の内部に入って大きな影響を及ぼすだろうと目を細めたといいます（石井　二〇〇五）。

そのホルブルックに推されてマウント・ホリヨークに留学した前述の山脇花は、「予告なしの試験がある」「Sciencesなかでも Biology は他の New England Colleges の遥かに右に出るものはない」「平常点臨時試験点定期試験点の平均七五点以上が及第、それは他の女子大学の及ばない点であり、現に同級生が代数で数名落第した」と報告しています。

一八二六年から Lyon は助教法（monitorial plan）を導入。生徒を小人数のグループに分け、それぞれを優秀な上級生から採用した助教生に指導させるこの方法は、若い女性の勉学の途の確保とともに、行動や生活の改善に役立つものとなりました（佐久間　二〇〇四）。この方法は東京で一八八六年に高等科を開設した女子学院の前身である桜井女学校でも採用され、上級生が予備課程で一日数時間教えながら上級クラスで勉強を続けるさま、半日は別科で教え午後は本校に戻り勉強することで寄宿料と授業料を捻出するさまを、一八八七・八八年の伝道局本部宛のマリア・ツルー書簡で、「私達の方式を理解し、評判に左右されることなく生徒のためにという目標に信頼を置いてくれているので、大きな支えになっています」と、日本でのこの方法の採用報告を見ることが出来ます。

廉価な学費

多くの子どもの養育と自給自足の質素な生活の中でも貧しい人びとへの施しを忘れなかった Lyon の賢明な母親像から『一代記』が始まり、この書が立志伝であるが如くに Lyon が貧困のなかで刻苦勉励するさまが描かれます。『女学雑誌』版に記される「寄宿たらいまわし制」で「一週七五銭の給料及び食物」を貰った貯金でサンダーソン・アカデミーに入学後貯金を使い果たし、「愁然（しうぜん）として窓より外を詠（なが）め轉（うた）た感慨に堪へず涙を飲んで笈（きう）を調（ととの）ふるとき、當校の議員来つて議員会の議決を傳へ月謝金は以後之を免ずべきに付心をきなく卒業まで勉學せらるべしと云ふ。…蓋し一生中最大の喜び」であったその「喜び」が、「廉価な学費」です。

Lyonにとって、掃除や炊事を学校共同体が行うことで人件費支出を三分の一か二分の一に押さえることによる学費抑制は悲願でした。「慈善寄附を求める一方で高い学費を要求できますか。……授業料を農民や修理工にとっても妥当と思われるように設定しています」と述べていますが、学費抑制は以下三つの意義を持っていたとされます。

1　幅広い階層の女性に初等教育以上の学習機会を開いた。

一八三七～五〇年のマウント・ホリヨークの卒業生の父親の職業の五四％は農業であり、一五％が牧師、一〇％が技巧労働者、六％が物理学者、その他が一五％でした。物理学者が六％であるところは理系の学校であることが大いに評価されていたことの証左でありましょうが、農民出身の女性に門戸を開いたことは事実です。

2　幅広い階層の女性に教職への道を開いた。

Lyonが組織した有志卒業生の「記念協会（The Memorandum Society）」の記録によれば、一八四七年には登録者五九三人のうち二七九人が、一八八七年までには三〇三三人の登録者のうち二〇〇〇人以上が国内外で教職につき、黒人や先住民チェロキー族などマイノリティ教育に携わる者も出ました。Lyonの没した一八四九年には宣教師として三五人が派遣され、一八八七年にはアメリカ海外伝道協会の海外派遣者の五分の一近くをマウント・ホリヨークの卒業生が占めていました。

3　廉価な学費によって学生定員拡大を実現できたその教育方式は「ホリヨークプラン」として一八五〇年代以降東部の女子大学設立に影響を与え、全米に広がっていきました。その一例ウエスタン・セミナリーについては後述します。

全寮制と「家族の申し合わせ」

『趣意書』においてLyonは、全寮制を採用し、学寮での「家族の申し合わせ」(family arrangements)という共同生活上の約束事を提案し、「全員に例外なく家族の一員としての家事を分担させる方法は、そこに学ぶ女生徒たち全体に「高潔な独立の態度」(attitude of noble independence)を啓培するに違いない。そして、これこそは本校のあらゆる構成員の志を、いやが上にも高尚にしつづけずには措かぬ所以のものなのである」と記しました。

学寮での他者への心配りや交わりを通して育成された高尚な魂 noble independence の中で健康が増進され、家事技法も上達し、共同作業や奉仕活動による社会性の鍛錬もされました。キリスト教精神で結ばれた一つの家族として、居住区をはじめとする全施設の仕事を分担する自主自修の訓練— self-support —では生徒間の平等の原理が適用され、係を互選し、輪番でこれを実行するさまが、『一代記』に生き生きと記されています。

学生たちは学期開始時に「サークル」と呼ばれる班に分けられ、「分業」(division of labor)と称して役割分担を定められました。掃除や洗濯、アイロン、パン焼きやバター作り、食材や家具調度の購入や手入れ、会計の処理からテーブルセッティング、郵便の集配まであらゆる分野に及び、Lyonは、一人一人の生徒の性格から出身環境に至るまで細心の注意を払ってサークル作りをしたといわれます(佐久間　二〇〇四)。「こんな幸せな家族がいたかしら!」という一方、労働過重への苦情も後を絶たず、学外ではこのセミナリーは花嫁学校だという評判も聞かれ、活動を共にしたグラントさえ、家事は教育ではないと否定的でしたが、それでもLyonは身辺雑事を他人に頼むことは「奉仕しようとする女性には不適切」と説いたそうです。『一代記』には、開校後六カ月間日々一六時間から一八時間率先して家事をするLyonの姿に教師たちが納得させられ、直接指導に当りだすさまが描かれています。

自らが寄宿体験をした教師たちで明治期に来日したホリヨーク出身者四八名の赴任先一二ヵ所のうち、同志社女学校、神戸英和女学校、梅花女学校、前橋英和女学校（現在の共愛学園）、熊本女学校など、少なくとも五校のキリスト教学校においてこの「自主自修の訓練」が実施されたことが確認されています（齋藤　一九八四）。

体調不良に事寄せて夕食を欠席した生徒の部屋まで食事を運び、いたわりの言葉を述べるLyonの姿が『一代記』に記されますが、各地から参集した者たちが学寮を軸に親子姉妹の関係を作り上げる「一大家族」の中で、信仰の目を開かれ、学ぶ喜びを知り、自治力を育成し、女性独自のネットワークを作り上げ、学校や教会の「一大家族」を通じて社会に関わっていこうとする運動も現れました。Lyonが卒業生を「学校の子」として遇したと『一代記』に記されるその言葉こそは、マウント・ホリヨークの精神を一身に体現して生きる卒業生への呼称でありましょうし、同じく日本のキリスト教学校も「学校の子」として一人一人の価値を貴び、寄宿舎生活を通してキリスト教の文化や価値観、そして宗教教育を実践した歴史を持っていることは多くの人が知るところです。

規則づくめのマウント・ホリヨーク

「私情を専らにせんがために改正」を求める者には、「愛情」で説きながらも、「君すでに此校に入り玉ふ上は宜しく万事に注意して只だ正しくあり玉ふべし若し此決心なくば寧ろ此処を去つて更らに小人数の学校に行き十分に行届きたる徳育を受け玉へ」（『女学雑誌』）と、規則を遵守出来ない者には転校を勧める毅然とした姿勢が『一代記』に現されています。

五時の起床から一〇時の消灯まで分単位に時間管理がされ、三〇分ごとに鐘が鳴らされ、規則違反者には「しつけ法（method of discipline）」が適用され、週一度の全校集会で全校生徒の前で懺悔させられたといいます。自分が犯した罪を自ら告白し、懺悔させる方法であり、一八二〇年代にグラントがバイフィールドの女子セミナリーで始めた方法でした。厳格な校則規定と自己申告による懲戒があり、遅刻や私語の禁止はもとより、洗濯や料理の方法から起床時間やコーヒーの禁止に至るまで、校則は七〇に及びました。授業や集会、食事や教会等の座席はアルファベット順に定められ、消灯後も教師が廊下をパトロールし、行動は隅々まで監督の対象となっていました（佐久間　二〇〇四）。

『一代記』抄訳者ダッドレーは多忙な教育や伝道の中で熱心に執筆・翻譯活動にも勤しみました。著の一つ『育幼艸』（英語題 Mother Book）は、各地を歩き、つぶさに日本の母親の子育ての実状を観察した結果、日本人男性の手を借りて二年かけて著した母たちへの手引書です。『一代記』出版に先立つこと三年前の一八八〇年に神戸の福音舎から出版されました。その内容は、「前書き」で子どもを育てるのは親の務めでありそれが悪いのは親の罪であるとし、その罪を犯さぬように子育ての仕方を示し、『聖人といはるゝ位い端正きひとにても、おのれの欲気なくまた罪を犯さぬ人とては古より一人もあらじ、これ聖霊のたすけなきに因るゆゑなれば、たとひ子供をどのくらひよき先生につけ、または、外国へ送って学問を修行させ、大学者になったとて真の神あることを知らずしてその道にしたがひその教へをまもり聖霊の身をもつて心をきよくし欲を捨て行状を端正くせざれば、学問は高謾の種子となり、却つてその身の仇となるなり』と記されます。罪を犯さない人は一人もいないのだから聖霊の助けを受けなければ人生を全うできないというニューイングランドのピューリタニズム神学に拠っていると言えます。学校という「ホーム」での Lyon の「学校の子」に対する厳しい躾け方法は逆説的ではあっても自己規制力を涵養し、自我意識の強い女性を育てることになったと言えましょう。

五　マウント・ホリヨークにおける海外伝道熱と日本への波及

―日本におけるキリスト教学校の「自治自修」の訓練　そして『一代記』の影響―

『一代記』には卒業生と教師の中から多数の宣教師が生まれ、全世界に派遣されていくさまが紹介されています。創立当初はアメリカ国内、しだいに拡大して南部・西部を視野に入れてであったのが、Lyonが「何国にあるも何日を経るもみなメレイライヲンと母子の如くに其親愛を尽く」し、卒業生を「学校の子」として遇していたがゆえに、トルコ・インド・中国・アフリカなどの派遣地からの便りに刺激され、さらに多くの学生が海外伝道を志すようになっていきました。その情報交換の盛んなさまは、「祈祷の会りには宛も世界中の人々のあつまれるかの如く」であり、Lyonも海外伝道を重視し、「外国伝道会社」も宣教師派遣に助力の手を差し伸べました。やがて教師の中からも宣教師志願者が出始め、その流失によって学校に不都合が生じるのを承知のうえで、フィデリア・フィスクや自分の姪を、「彼の地にこの人を得ることに比ぶれば決して困却のことにはあらず」との思いで、快く送りだしました（戸田　一九九四）。付録の「亜非利加州に摹倣学校の開けしこと」にそのさまが描かれます。一八六〇、七〇年代以降ケープタウンのほか、トルコ、スペインなどに姉妹校が建設されて行きましたが、それが拠るところは、「すべて多く与えられた者は、多く求められ、多く任された者は、更に多く要求される」（ルカによる福音書第一二章四八節）にあると『一代記』は記します。

　マウント・ホリヨークの創立百周年記念誌に収められた講演によると、創立より一〇〇年間に、卒業生総数一六、六二〇名中、宣教師として外国に出て行った卒業生は総数三八六名（約二・三％）、つまり毎年平均四名の卒業生が外国伝道に赴いています。うち八七名は中国、四七名は日本、七二名はインド、六〇名はトルコ、二六名がアフリカ、八名がペルシャへ、その他の外国へは八六名に達します（齋藤 一九八四）。

さらに同校に残る記録には、一八四七年に横浜に来日したスペリー（横浜山手での「美會神学校」設立者）を皮切りに、一八六八年以前に九名、一九二四年までには、計五三名の卒業生の名が列挙されています。赴任地は、札幌、弘前、仙台、新潟、会津若松、前橋、東京、横浜、名古屋、神戸、宮崎、熊本、長崎等、全国に及びます（佐久間 二〇〇四）。これほど継続的に日本に派遣されていた例はなく、彼女たちも、また彼女たちによってマウント・ホリヨークに送りこまれた日本人女子学生も、また彼女たちに育てられた女学生も、『一代記』で奮起した女性たちもまさしく「メレイライヲンの娘たち＝Mary Lyon's daughters」であり、日本の教師教育に大きな影響を及ぼしました。

女子学院の土台を築いたマリア・ツルーは、アメリカの宣教師事務局にあてた書簡の中で、派遣された女性宣教師たちの「支え手となる日本人が責任を担って、学校の為に計画を立て、力を尽くすよう、指導しています。今では、私達がいなくても十分運営していけるまでになりました。良き支え手達には感謝してもしきれません。……我がいとしの母国の子女たちのマウント・ホリヨークのように成長してくれるよう、絶えず祈っています」と、「メレイライヲンの日本の娘たち」の活躍を夢に描いています。日本におけるキリスト教学校の今は、この「メレイライヲンの娘たち」の祈りと行動に依っているといえましょう。

アメリカでは南北戦争が終結し、女性の社会的地位や教育程度を高め、男女同権を求める運動が進んでいました。それを背景に来日した女性宣教師たちは、「起きよ、光を放て。あなたを照らす光は昇り主の栄光はあなたの上に輝く」（イザヤ書六〇：一〜二）と日本の女性に明日の建設者の姿を見たのではないでしょうか。

『一代記』に刺激を受けて日本に女学校を設立した女性には次のような人たちがあります。

福西志計子と上代淑

福西志計子（一八四七〜九八）は高梁小学校附属裁縫所の教師であった一八八三年に『一代記』を入手し、「あの人は女子でありながら、大学を創設したのであるから、私にもそれが出来ないはずはない」と言って、その日から日夜正式の女学校を設立する方法の研究に没頭し、高梁市に岡山県初の女学校である順正女学校を設立しました。

上代淑（一八七一〜一九五九）は少女期より『一代記』に惹かれ、やがて山陽英和女学校赴任後教職を辞してマウント・ホーリョークに学びます。理学博士の学位を得て一八九八年（明治三一年）に帰国し、山陽女学校に復職しますが、五一年間校長であり続け、マウント・ホリヨークで学んだ「自給」精神に則って、寄宿舎で生徒たちと起居を共にしました。「上代の娘たち」は、母親に抱かれているような温かさを感じたと述懐しています。

熊本女学校と矢嶋家の姉妹たち

徳富蘇峰、蘆花兄弟の母である徳富久子はキリスト者でしたが、一八八六（明治十九）年、熊本に是非女学校を興したい、それもキリスト教を主義とする女学校を興したいと市の有志を訪れ頼み歩いたと二男徳富健次郎（のちの蘆花）は語っています。この志の源は『一代記』でした。目の悪かった久子は「メエリィ、ライオンの伝」なるものを読んで聞かせてもらったのですが、強烈な感銘をうけた結果、これをモデルに女学校創設を固く決意し、前年の一〇月には、長男猪一郎（のちの蘇峰）の夫人静子に口授代筆させ、女学校設立のための資金援助を訴える「口代」（趣意書）を起草しました。「世も益々開くれば、女子の身持ただならず、今迄のように人々にのみ依頼して、独りの世渡り出来ざれば、世の行末もむずかしくと存候。女子の知識を開く事、最も大切なることと思ひ候へば」と記された「口代」には、女性の自立を果たそうとする気概が読み取れます。

翌明治二〇年、妻アンがマウント・ホリヨークで学んだ宣教師O・H・ギューリックが来熊して宣教活動を開始し、海老名弾正も蘆花の従兄徳永規矩らと熊本英語学会というキリスト教学校を創設します。続いて久子の願いが叶い、熊本女学会が生徒三人で誕生しました。教場も転々とし教師役も定着しませんでしたが、生徒が一二、三人になった時、女生徒の世話をする年配の女性としての白羽の矢が立ったのが、当時六四歳であった久子の姉竹崎順子でした。順子は熊本県益城町の惣庄屋矢嶋直明の三女として生まれ、妹に徳富久子のほか、横井小楠の妻横井つせ子、矢嶋楫子（女子学院初代校長）がいます。

一八八九年（明治二二年）に熊本女学校が認可され、校長に海老名弾正が就任します。またマウント・ホリヨークの卒業生クラークとグリスヲルドがアメリカン・ボード宣教師として着任し、同女学校の正規の教師となります。二二年五月に熊本大江村に校舎が完成し、一階が板敷の教場、玄関の突き当りの八畳敷きが応接間兼順子の部屋で、順子は舎監でした。二階が畳敷きの寄宿舎で、順子は生徒たちと寝食を共にします。生徒全員に下宿を許さない完全な「全寮生」であり、学校というよりもむしろ家塾、家塾よりもむしろ家庭だったといいます。女性の地位の向上を望み、熊本の地での女子の教育を願った久子とマウント・ホリヨーク出身の女性たちの思いがここに結実したのでした（同女学校はのちフェイス学院と合併し現在は開新高等学校となっている）。

明治二六年発行の『九州文学』三一号の付録には、「特別廣告」として熊本女学校の「位置・校内の管理及組織・校則及び教科の要領・職員」に関する左記のような案内が掲載されます。

校内の管理は校長大體を監督し、寄宿舎内の如きは、老練懇切なる婦人、幹事の職に當たりて親しく生徒を撫育奨励し殊に女教員の姉妹は、生徒起臥を與にして研磨怠らず、蓋し本校は生徒教員間に於て、家族的の組織習慣を實行し、可出来丈け生徒をして其責に当らしむ、是れ生徒をして實際の事務に習熟せしめんことを欲する者にして、則ち本校の特質とする処なり。

また、同女学校の『校友会報』には次のような教師の回想が掲載されています。

一家族の様に親しくしていただいて、まことに楽しく暮らしたのでした。生徒は五拾名くらいで、毎日当番が立ってお掃除や炊事をやり、翌日の炊事当番は前日の夕買出しに行くのでした。人手をからずに一切生徒さん達でやったのでした。寄宿舎の會計なども、生徒の中から會計係りを選挙して、其係が會計一切を処理して、真にまじめに働き、真面目に勉強したものです。とに角寄宿舎の生活は全くの自治で、それが立派な躾になったと思います。

順子の孫にあたる竹崎八十雄は第七代校長として、「創立以来六十年の歴史にはっきり読まれもし、養われもした同校の職員生徒の精神」は、自治自修の精神に他ならず。「自治自修とは、命令により他の力に押されて余儀なく学業生活を続けるのではない。況んや修養をやである。本校年来の面目はここにある。何れか自治自修の精神の発露でないものがあろう。自ら治むるは徳に入るの門である。自修は学に進むの階段である」と語りますが（齋藤 一九八四）、Lyon の採用した寄宿舎制度が彷彿とします。熊本女学校創設期に献身したギューリック、クラーク、グリスヲルと、熊本生まれの女性たちの果敢で熱い奮闘によってマウント・ホリヨークの精神が開花し継続した姿をここに見ることが出来ます。現在「肥後の猛婦」「四賢婦人」と呼ばれている矢嶋四姉妹たちのそれぞれの『一代記』との出会いもあるのです。

神戸英和女学校　その1　クラークソン

神戸女学校創立当初からタルカットとダッドレーは寝食を共にする場所こそがホームであり学校であるとして学校

を「神戸ホーム」と愛称的に呼びました。マウント・ホリヨークを卒業したクラークソンが一八七七年に着任し、五年間の高度の知的教育を課す学校構想をもって「神戸スクール」の経営を交代します。寮生五一名の生活を米国伝道会に「われわれの新しい台所が完成されています。少女たちは一般的家事の仕事に加えて、彼らの昼食や夕食作りの仕事を行っています。適当な寮母もおらず、また私が日本料理の調理法を知らないことで、私が指導することは少しく困難です。しかし四人の上級生がいて、彼女らは十分に熟練しており、彼女らの元気のよい助けによって台所生活は大変明るいものになります」と報告しています。「神戸ホーム」の笑いさざめきが聞こえるようです。

神戸英和女学校　その2　ホルブルックと井深花

アジアの日本にもマウント・ホリヨークを創りたいと、特に理科教育分野での女性の高等教育化のけん引力となったのが、神戸英和女学校に着任したホルブルックです。日本人による優秀な女性校長の育成のために、神戸英和女学校の英語教師の宮川敏と鳥取女学校の校長の山脇（井深）花が即刻ホルブルックの母校マウント・ホリヨークに派遣され、各々文学博士・理学博士を得て母校に戻ります。

神戸英和女学校を自然に拡張発展する形でのカリキュラム改革が進められ、理科高等教育体制を整備して一八九一年に三年制の高等科を開設し、理学部が新設されました。実験と実証研究を重視する高度な教育は、一八八八年にカレッジ昇格を果たしたマウント・ホリヨークと全く同じだったということです。

一八九九年には女子高等学校令が公布されて官制の女子教育の整備と共に、ホルブルックの熱意にも拘らず特に理科高等教育志願者が減少していきます。しかし、前述の井深花は後年、明治学院総理井深梶之助と結婚し五人の子どもを育てながら、教えた科目は家政学、植物学、動物学、化学、物理学、生理学、幾何学に至り、社会活動も多岐にわたりました。昭和初期の女子学院の教職員構成表には院長三谷民子の次に井深花が続き、担当は修身と生理。「教へます学科は、動植物もあれば化学幾何、聖書の講義もすると言ったやうに八百屋ですから」と『新女界』に井深は記していますが、このような少数のパイオニア理科教師が理科の視点でもって勉強の意味を問い掛け、家庭での女性の生き方に衛生学や理化学を応用して、家庭の生活様式や文化や宗教心に多くのものを残さしめたのが一人の宣教師の願いと活動であったことも事実です。

ウエスターン・フィーメール・セミナリーと金澤女學校

「西部のマウント・ホリヨーク」と評されるウエスターン・フィーメール・セミナリー（ミシシッピ州オックスフォード）をモデルにした金澤女學校はメリー・K・ヘッセルの私塾として一八八五（明治十八）年に開校しました。ウエスターン・セミナリーは、敬虔にして教養ある家庭婦人・女性教師・女性宣教師の育成を教育目標として、福音主義・全寮制・生徒による家事労働・廉価な学費・運動を義務とする高度な教育理念を掲げるいわゆる「ホリヨークプラン」で作られた「Lyon の娘の学校」の一つであり、ヘッセルはこのセミナリーを卒業し、一八八二年に来日します。横浜でアメリカ人宣教師ヘボンに会い、フェリス女學校そして神戸英和女學校を見学後金沢に赴任し、同地での「ホリヨークプラン」に基づく女学校建設を申し出ます。それは北陸初の女学校でした。ザンギリ頭と髷姿の風俗を目にし、「真宗王国」であり、百万石の加賀藩が学問を奨励したにもかかわらず小学校の女子就学率は21%、中学校に通う女子生徒は皆無であり、女性が職業人として社会に進出することなど「家の恥辱」と言われる風潮に直面したヘッセルは、この地における女子教育の真の意義を自覚するに至ります。『北陸学院八〇年史』による開校式でのヘッセルのスピーチは以下の通りです。

「国家にとって婦人の教育は男子同様に大切なものである。その教育には、知育、体育、徳育何れも必要であると共に、生徒の宗教心を啓発し、涵養することも亦必要となさねばならぬ。故にここにキリスト教主義に基づく普通教育を施して、生徒の品性を陶冶し、他日成業の後、順境においても逆境においても、その善良なる品性の光輝を放ち得るものならば、本校設立の目的は達せられたのである」。

ホリヨークプランの眼目は中産階級出身の女性教師宣教師輩出にあったにもかかわらず金澤女学校設立の目的が「女性に対する普通教育」となっていることに気付きます。女学校設立の事業案具体化の折衝の過程で、金沢における同労者ウイン夫人は「私たちは、ただ単にキリスト教を説くだけでは不十分です。人々の前で信仰に生き、実践するためにやってきたこと、そして、このことは人々との交わりを通して実践されなければならないのです。日本の人々に接する中で、わたしたちは、日々、教えの真理を身をもって示す、実物教育によらなくてはならないのです。わたしたちは、いわばすべての人に読まれ、知られる生きた使徒書簡なのです。このために、わたしたちの働きの社会的側面が重要な様相を帯びることになるのです」と、また夫のウイン宣教師も「われわれが日本へ派遣された目的は日本の人々を〈アメリカ化〉することではなく、彼らが〈自らキリストを信じるようになること〉であり、またそれは、〈人間が行うことでなく、実は神が行われること〉である」とヘッセルを説いたのではないかとミッションボードへの書簡から推測されます。

女性の特性を生かした明日の日本の教育のありようを仲間と共に祈り、模索し具体化を試みたヘッセルやその同労者たちの姿は、前途が暗闇に覆われているように思えても「神は必ずその闇処（やみぢ）をもよく誘導（みちび）いてくださるという信仰があったからこそ、「之を設立（たて）たる趣旨は只（ただ）に貧賤のもののためになせしも今は已（すで）に富貴のものにもその恩を及ぼすもの」となり、「メレイライヲンの名のつたはるところは何の地を問はず女子教育の整備（ととのは）ざる所なし」と評した、

『一代記』・「南アフリカに開いた姉妹校のこと」の章を思い起こさせます。あらゆる人に共感をもって読まれ、知られる生きた「使徒書簡」が行う「実物教育」は、今もなお階層、地域、時代を超えて、キリスト教学校の教育の場で行われています。

六　「東洋のメレイ・ライヲン」と言われたマリア・ツルー

ツルーの業績

「それ（桜井女学校）は『丘の上の町』『キャンドルの炎』になるかもしれません。私はマウント・ホリヨーク・セミナリーが生んだような貴重な果実をこの学校が生むことを期待しています」と女子学院の前身である桜井女学校に夢を託した長老派宣教師のマリア・ツルーは、マウント・ホリヨーク出身ではありませんが、Lyon を手本として日本女性の手による女子高等教育を模索した女性です。

ツルーは一八四〇年、ニューヨーク州の農家に生まれ、早くから地元の小学校の教壇に立ち家計を助けたといいます。長老派の宣教師であった夫の死後、その遺志を継いでアジアの伝道を志しました。一八七三（明治六）年に来日後、女子学院の前身の一つである原女学校、新栄女学校、桜井女学校で教えながら桜井女学校と新栄女学校の併合による女子大学構想を具体化します。また桜井女学校内に看護婦養成所を設置し、別科として女子独立学校（職業女学校）を作り、女性のための保養施設として衛生園を創設し、高田、宇都宮、前橋などに卒業生を送り、その地で「ホーム・スクール」設立に協力するなど、日本の女性たちの生活改善と教育のために生涯を捧げました。ツルーの業績を列挙すると以下のようになります。

①一八八七年（明治二〇年）九月、桜井女学校は新栄女学校と協力し高等科を開設。すでに行っていた幼稚保育教育に女子高等教育を合わせることで総合的な女子高等教育学園への先鞭をつけた。ツルーは校長代理の矢嶋楫子を支える「教頭」ともいえる立場でその基礎固めに力を注いだ。
②ミッションボードの直轄でないため桜井女学校は学費が高いので、学資の乏しい勉学意欲のある者に対して勤労学級を用意した。『女学雑誌』によると、半日洋服づくりをしてその賃金を学費とするような生徒が一三、四名在籍したという。このツルーの発案は新宿角筈の女子独立学校に引き継がれ、広く女性に高等機関の門戸を開くこととなった。勉学の志ある女性に高等教育への道を備え、社会的に独立した人格として存在しうるように学び育つ場であった。
③桜井女学校内に明治一九年に看護婦養成所を開設。「国民の健全を計るには、信仰の篤い看護婦を養成しておかなければならない」とのツルーの理念のもと、人物、識見、学力、精神共にすぐれた看護婦の育成を目指した。創設時はツルーが英語の原書で講述するのを峯尾ゑいが通訳するなどして生理・解剖・英語などを教授した。ちなみに費用の掛かる看護婦養成所設置に反対する声は米国長老派教会の医療伝道宣教師ヘボンからも出たが、フィラデルフィア婦人伝道局は「日本の看護学校」という独立の項目を一八八四年から設け、一八八八年までに四〇〇〇ドルほど集めたという。
④新宿角筈に日常生活に多忙な日本女性が病後静養する場所として、ツルーが設立した女性のための小規模なサナトリウムは、看護生の訓練が日本の家庭の改善と結びつくと考えての判断だった。
⑤地方分校設立という形でいくつかの女学校を作り、「妹であり、娘」といえる桜井女学校の卒業生を送り出した。
○八王子女学校　明治一九年開校。桜井女学校卒業生の皿城キン子を派遣。

○薔薇女学校　宣教師J・バラの援助で静岡県三島に明治二一年設立。教則規則は明治女学校を模範としたが、教師陣の中核に新栄女学校と桜井女学校の卒業生が赴任し、「女子学院をば手に取る様に知ることが出来た」がゆえに同校の卒業生は女子学院への進学を夢見たという。
○宇都宮女学校　ツルーとデビッドソン夫人の協力で桜井女学校卒業生が教師となり明治二二年開校。
○高田女学校　明治二一年、新潟県高田に開校。宣教師と卒業生を送ることで高田に身を据えながらにして予備課程の教育と福音伝道も受けるができるというのがツルーの考えであった。在籍者は多い時に六〇名を超え、高田別院のある真宗王国の中にあっても「慈善其他のため大に働き居候同校の評判は頻に増し来り品行風儀至ても他校の比に非らず」と言われるほどに地元の注目を集めたがしだいに生徒数が減少し、明治三〇年閉校。

精神を能く磨き 真に高尚なる志をお立てなさい

アメリカ長老教会海外伝道局ギレスピー宛てツルー書簡（一八八八・三・二一）は圧巻です。内容は番町の土地購入や東京からさほど遠くない地方都市高田（東京から三日ほどで行ける町とツルーは記す）での学校建設・看護婦養成所、全て資金調達の依頼であり、伝道局は次々と新事業を企て多額の資金を要求してくると思ったに違いありませんが、「貪欲とか出しゃばりと言われようとも、ボードの賛同も得られ、必要額が認められるように祈っています」とツルーは語り、「私達でなく、神のご計画と思い、進めています。…私達が「信頼し恐れなければ」（イザヤ 一二章二節）、私たちの神は広い地へと、私たちを導いてくださいます。もっと多くの女性たちが加われば、地方で極めて有益な活動を行えます。…道は開かれ前に進むしかありません。神が私達を導いて下さったのですから（サムエル上 七章一二節」と記します。

Lyon の行なった聖書講話の「肉と霊の種まき」の章の、もし二つの道のどちらへ進むか迷った時は、まず自分に打ち克つために、艱難が多くあると思われる方を選びなさい。これこそがあなたにとっては安全で快適な道となり、私達への愛ゆえに御自身を捨て給うた神様と共であると思うに至るでしょうとの言葉はまさにツルーが引用した前掲のサムエル記上の言葉が思い出されます。ツルーにとっても Lyon にとっても、今まで、主は我々を助けてくださっているのだから、あえて困難を自分の意志で生きる道を選ぶことが「高尚の女性」のすることなのです。

ツルーの力強さは、同年の一八八八年、『女学雑誌』社主催による第二回女学演説会の講演『善良なる模範の価値(ねうち)』（峯尾ゑい口訳、佃龍雄筆記、本書二八〇頁掲載）において、聴衆に向かって、「大なる仕事を為さうとしますか」「毎日宜しき事を為さんと思召されますか」「熱心なる賢き重き女子となるが目的で御座いますか」「総ての事を為すに深切なる事を望でおられますか」「世に有益の業を起さうとしますか」と問い、不自由なき安穏とした生活を求めるのでなく、「正しき働きを為す所の誠に愛すべき妻となることをお望みなさい」と高い理想をもった生き方を聴衆に求め、「精神を能く磨き真に高尚なる志をお立てなさい」と説き、最後に Lyon に言及して「又メレイライヲンの申せし如く己の務を怠り己の為ゞる可らざる事をなさずして送るは尤も大なる苦痛とする婦人もありますアナタ方は此の数々の中に於て孰れを採り、何れを模範とせられますかお尋ね申ます」と結んだ点にも表れています。メレイライヲンの言葉とは、死を間近にして語られた言葉であり、『一代記』では、死を恐れてはいけないと述べた後に、「われら此世に於て畏懼(おそ)るべきものなし只義理(ぎり)を知らざることとこれを知りて行ふことを得ざることをのみ、畏懼るべし」と記載されている墓碑銘にも記される箇所です。

七　内村鑑三と Lyon

明治二七（一八九四年）年七月、箱根で催された講演会で、内村鑑三は聴衆に向ってこれから生まれてくる人びとや社会のために残せるものはあるだろうかと問いかけます。孤児院を建てたり、大事業を成したり、思想を打ち立て精神の充実に貢献したりといろいろあるが、誰もが同じように後世にこれらを残せるわけではない。何も残せない場合はどうするか。「勇ましい高尚なる生涯」を送ることが、後世に残せる最大の遺物である。そして「勇ましい高尚なる生涯」というのは、「その生涯を世の中への贈物としてこの世を去るということで」あり、「後世に遺すものは何もなくとも、後世の人にこれぞというて覚えられるべきものはなにもなくとも、アノ人はこの世の中に活きているあいだは真面目なる生涯を送った人であるといわれるだけのことを後世の人に遺したいと思います」と結びました。

その講演の中で内村は次のように Lyon に言及しています。

マウント・ホリヨーク・セミナリーという女学校は非常な勢力をもって非常な事業を世界になした女学校であります。何故だといいますと、それが世界を感化するの勢力を持つにいたった原因は、その学校にはエライ非常な女がおった。その人は立派な物理学の機械に優って、立派な天文台に優って、あるいは立派な学者に優って、価値のある魂を持っておったメリー・ライオンという女でありました。その生涯をことごとく述べることは今ここではできませぬが、この女史が自分の女生徒に遺言した言葉はわれわれのなかの婦女を励まさねばならぬ、また男子をも励まさねばならぬものである。すなわち私はその女の生涯をたびたび考えてみますに、実に日本の武士のような生涯であります。彼女は実に義侠心に充ち満ちておった女であります。彼女は何というたかというに、彼女の女生徒にこういうた。

他の人の行くことを嫌うところへ行け。

他の人の嫌がることをなせ

これがマウント・ホリヨーク・セミナリーの立った土台石であります。これが世界を感化した力ではないかと思います。他の人の嫌がることをなし、他の人の嫌がるところへ行くという精神であります。

また内村は、明治二一年九月に、番町教会で開かれた婦人矯風会の演説会でクリスチャン・ホームを築く意義を述べ、「ホームのホームたることは第一に其の家の妻君即ち女王にある」と強調しながらも、「然し或は彼のメリー、ライヲンの如き、一家のことを措いて公衆の為に働かなければならぬ人もあるに相違ない。併し夫れは其人にとつて誠に大切なことで神より命ぜられた所のものです」と、あえて家庭的幸福を追及しなかったLyonの姿も一人の自立した女性の生き方であると評価しています。

参考文献（著者名五十音順）

秋枝蕭子「キリスト教系女子教育のしおり―明治時代プロテスタント系女学校について―」一九六三年
石井紀子『アメリカ女性医療宣教師の中国と日本伝道』二〇〇五年
碓井知鶴子『女子教育の近代と現代』近代文藝社、一九九四年
大濱徹也『女子学院の歴史』学校法人女子学院、一九八五年
勝尾金弥『「七一雑報」を創ったひとたち』創元社、二〇一二年
倉田和四生『福西志計子と順正女学校』吉備人出版、二〇〇六年

神戸女学院『神戸女学院百年史　総説』一九七六年
小檜山ルイ『アメリカ婦人宣教師』東京大学出版会、一九九二年
齊藤育子『明治期「キリスト教主義女学校」に対する米国マウント・ホリヨーク・セミナリー出身者の影響』一九八四年
齊藤育子『Mary Lyon の女性「教育者」(Educator) の理想像』一九八九年
齊藤育子『祈りの教育者　上代　淑』キリスト新聞社、二〇一五年
佐久間亜紀『一九世紀米国における教職専門職化運動批判—メアリー・ライアンの教師教育思想と実践を手がかりに—』二〇〇四年
女子学院『ツルー書簡集』新教出版社、二〇一〇年
女子学院同窓会『まことの人の輝きを』新教出版社、二〇〇七年
聖和史刊行委員会『THY WILL BE DONE—聖和の一二八年』二〇一五年
竹中正夫『ゆくてはるかに』二〇〇〇年
戸田徹子『ロール・モデルとしてのメアリ・ライオン』一九九四年
日本キリスト教団巣鴨教会『築地バンドの研究』一九八六年
布川純子『徳冨蘆花「竹崎順子」—明治の一女性の生き方—』二〇一六年
北陸学院短期大学『メリーヘッセルの生涯』二〇〇一年
森本あんり『アメリカ・キリスト教史』新教出版社、二〇〇六年

本解題執筆にあたって上記文献を参考とし、多くの教示をえました。記して感謝いたします。

（杉村みどり記）

一冊の本――『メレイライヲン一代記』に寄せて――

大濱徹也

明治の女性は『メレイライヲン一代記』を自分たちが日常的に見聞してきた女性の物語として読み取ることで、人生を生きる指針を手にいれました。メレー・ライヲンが問いかけた世界は、日本におけるキリスト教女子教育にかかわったマリア・ツルーをはじめとする婦人宣教師の心をささえ、日本の女性にイエスの福音を埋め込み、その人生を輝かせる豊饒な精神の糧をもたらしたものです。そのような学びの場として年輪をかさねて現在あるのが女子学院です。一五〇年に近い時を刻んできた女子学院は、マリア・ツルーに育てられた矢島楫子・三谷民子の下で、ライヲンが問い語った世界を体現し、女生徒の心を育むことで時代を生きてくることが可能になりました。

女子学院は築地にはじまったA六番から、B六番、原女学校、桜井女学校、新栄女学校と、それぞれに蒔かれた種がゆるやかに一つとなり誕生した学校です。その種は貧学校、幼児教育、看護教育、職業教育等々と多彩な営みをなし、時代の声に応じた花をさかせた時もありました。何故、このような学校が現在まで存続しえたのでしょうか。女子学院は、建物としての校舎があり、勉強する場所だったから、上級学校への進学校だから続いたのでしょうか。

明治四四年に女子学院を卒業し翌年から母校の英語教師として生涯をささげた谷岡貞子が亡くなった時、卒業生の一人が「女子学院というのは建築物でもないし、女子を育てる集会所でもない。九十年の輝かしい歴史を持つ女子学院というのは、一粒の種としてそこに蒔かれ成長してきた我々が次に来るべき者のために、それぞれ種を蒔くべき使命を帯びているのだ」と追悼の言葉で述べております。この問いかけには、女子学院を現在に立たせ、「女子学院」

をして女子学院たらしめたものは何かを解く鍵があります。女子学院は、建物でも集会所でもなく、そこで蒔かれた一粒の種が生徒一人ひとりに埋め込まれ、引き継がれ、それが私たちの使命だと自覚した生徒が次へのバトンをつないでいくことによって現在の女子学院があるのです。この一粒の種として蒔かれたものは何なのでしょうか。

女子学院で学んだ者は、これらの多様な営みの何かを自分のものとして受けとめ、一人の人間として大地で生きる決断をなし、その生き方を可能にした何かを身につけたのです。その何かとは、キリスト教の信仰だと言えばそれだけのことですが、イエスの福音が観念としてではなくて、学んだ者の血となり肉となる教育が営まれたが故に、それぞれのところで一人ひとりが種を蒔き続けることで可能となり、それが女子学院を現在に至らしめているのだと想います。

この教育をささえたのは、マウントホリヨーク女子セミナリーの創立者メレー・ライヲンの人生そのものから学んだミセス・ツルーを始めとした婦人宣教師の想い、いかに一個の人間として生きるかという問いかけです。その問いかけは、『メレイライヲン一代記』が描き出した世界をふまえ、ある観念としての信仰ではなく、日本女性の目線から提示されています。

メレー・ライヲンの生き方は、明治一六年に出されたこの小冊子を読むことによって、新国家の創立をめざした明治という時代に「私」が主語で向き合い、己の眼で確かめようとした女性の心を激しく撃ち、それぞれの道を己の足で歩む指針となりました。この本に触発されて、矢嶋楫子の姉竹崎順子は熊本に熊本女学校を、岡山県高梁教会員で裁縫塾を営んでいた福西志計子は順正女学校を創ります。各地で、この伝記に触発され、志を立てた女性が出ております。女性のみならず、内村鑑三や西田幾太郎も『一代記』に心を奪われ、その志を確かめた一人です。

『一代記』は、冒頭でまず中国の故事「連城の璧」を譬えに、価値のある玉も磨かなければその真価がわからないように、どんな未開の人でも知識が開達したときに真価を発揮することができるのだと紹介し、田舎の貧しい家に生まれたメレー・ライヲンが子沢山で信仰厚い母親のもとで育ち、向上心にうながされて艱難辛苦を乗り越えて勉強し、知識を磨き、女子大学を創立するまでに立身出世していく物語です。女子のための大学を開くことによって、世の女性に新しい世界を提示した生涯を物語ったものです。

この物語は、一アメリカ女性の単なる「立身出世」譚として読まれたのなら、日本の女性に大きなインパクトを与えることは無かったでしょう。明治日本の女性は、ライヲンの姿に己を見出し、自分達の非常に身近な物語として読んだのです。学ぶという志を立て苦学力行する生き方、艱難辛苦して志をつらぬいたライヲンの生涯は、その「立身出世」していく姿に己の人生を重ねて読み取れたわけで、「私」の人生とみなされたのです。いわば己の境遇に引き寄せて、メレー・ライヲンの生涯を我が道と想い見なすことによって、本当に我が身につまされた物語として読めたが故に、女性として国家社会に何を為すべきかに想い致していた女性の心をとらえ、それぞれが己の道を切り開いて行く、大地に立つ女として生きる決断がうながされた。

この物語が優れているのは、「天」だとか「天道」という言葉に「かみ」というルビが振ってある。そして後半になると「神」という言葉が出てくる。「天」とか「天道」という聞きなれた言葉で語りかけ、それを神の道と読み解くことで、新しい精神世界を教えようとしています。当時キリスト者になった者は、儒教的な道徳を媒介にして、聖書を読んでおります。日常的に身についていた儒教的なモラルの中で、この物語を読み、新しい教えであるキリスト教的な世界に近づいていけた。しかもある「立身出世」を問い語った日常卑近な物語として読めただけに、ライヲンの生涯を知ることで、「私」もそのような生涯を生きようという決心がうながされ、明治日本の女性にある人生の決断をさせたのです。

メレー・ライヲンは、家族的な協同体である学寮生活を営むことで、家庭へのサービス、さらに感謝の念から発する無償の奉仕、それらを支えるキリスト教的な仁愛を身につけることができるとなし、全人的教育をマウントホリヨーク・セミナリー建学の基盤としました。ここで説かれた無償の奉仕は、原・桜井・新栄女学校等が営んだ社会から疎外されている人々への多様な働きに読み取れましょう。貧しい子供たちのための貧学校、好善社を始めとする様々な愛の奉仕。好善社は、ハンセン病の人たちを病人としてではなくて一人の人間として遇した最初の世界です。

その営みは、差別の克服などと声高に説くのではなく、ごく自然な奉仕の心、慈愛として受けとめられたがために、身構えられることなく、他者との関係をきずくことが可能になったのです。それこそが隣人愛、キリスト教の慈愛にほかなりません。

メレー・ライヲンは、このような人間、教師を育てるための五つの基本的な理念を提示します。第一は、高度で多方面に渡る知識と、敏活で強靱な知性の力を身につけた真の知識人・知性の人の育成。第二は、この地上に神の国を実現することが教育の大儀であるということを自覚して、己をむなしくして他者、なかんずく児童青少年に尽くすこと。キリスト教的な仁愛の実践、愛の奉仕と隣人愛の実践。第三は神の前に立つ平等な人間としての義務を果たし、人格の主体としての真の幸福を見出す高貴なる独立心。第四は、敬虔なキリスト者であるだけではなくて、実際生活に有用な諸々の技能と能力を備えた、現実に活動できる身体的健康を有する優れた実践力。いかなる所に行っても健康で健全な心を持って人びとに奉仕できるようにと、マウントホリヨークでは女子の健康のために体操などが重視されました。第五は、単なる教育技術を身につけただけの職業的な先生 a mere teacher は不誠実な教師であるとなし、知と情と意と心と技と体が調和的全面的に発達した全人的教育者 an educator であれと。この問いかけは、教師にとり重く、大事なことです。単に知識を授けるだけの教師は厳しく批判されたのです。生徒の痛みを感じられるような教師になりなさい。まさにメレー・ライヲンは、生徒の痛みを「私」の痛みとして感じとれる教師たるべく励み、まさに全人的教育者として身をもって生きたがために、その生涯が人々の心を激しく動かしました。

いわば、マウントホリヨークが掲げる精神は、メレー・ライヲンが全人的に貫いたからこそ、その生き方が伝えられた時、己が生きる道を見出そうとした女性に受けとめられ、その人生を我が人生とすることで異郷異国に旅立たせたのです。ミセス・ツルーもそのような一人で、墓碑銘に書かれていた言葉を全人的に実践していきます。女子学院には多様な学校が流れ込んでいますが、その底にはメレー・ライヲンが描いた世界が息づいていたのです。

ツルーは、このような女子学院を支える原点を、明治二十年の女学雑誌社第二回演説会での講演「善良なる模範の価値」（本書巻末資料参照）で、女性たちに、正しい働きをなすところのまことに愛すべき賢き妻となることを望みなさい。あなたがたは毎日「誠」というすべてのことより尊い一字をよく考えなさい。子供たちの勉強によく気をつけ、学校において真実の生徒となるようになさい、精神を磨き、真に高尚なる志を持ちなさい、と説き語りかけました。その最後に、「メレイライヲンの申せしごとく、己の務めを怠り己のなさざるべからざることをなさずして送るはもっとも大なる苦痛とする婦人もあります」との言葉で、メレー・ライヲンの生涯を想起し、後に続く者への道を示唆しております。

女子学院の教師であった井深花子（明治学院第二代総理井深梶之助の妻）は、「若き姉妹に告ぐ」という一文で、「女子は、いったん世の中に出るや、いかなる位置を占めるべきか」と問いかけます。女子学院で勉強することは、いろいろな食べ物を胃袋に詰め込むようなものだ、外に行ってそれぞれの場でどのように生きるかを考える時に始めて消化できるのだ、どういう生き方をするかという時に、その消化を助ける酸素がはたらくのだ、と。その勉強を生かすには、すべての善いことの中心にあなたたちがなるのです。「いかなる社会に置かれても善良をなし、感化の中心となっていただきたい」と説き、家庭においては和やかな気分を助成するような妻になりなさい。悲しんでいる人には慰めを与えられるように、失望している人には望みを与えられるように、利己主義の人には情愛深い人になれるように。そういう営みが、あなたがたが身につけた勉学の中から生まれてくるのだ、と。

女子学院が一五〇年になろうとする歴史の中でそれなりに時代時代に生き延びえたのは、このような勉学に対する思い、メレー・ライヲンが身をもって説いた生き方、他者の痛みを痛みとして感じ、自分のなさなければならないことをなさないでいるのはどんなに苦痛かという想いを胸に生きようとする者を育ててきたことによります。そこにおいてはイエスの福音が生のままではなく、時代ごとにそれぞれの生き方の中で語られております。この想いが、女子学院の卒業生をして一粒の種として成長してきたとき、次の種を蒔くことを可能としたわけです。まさに『メレイライヲン一代記』という小冊子は、女子学院のみならず、日本の女子教育に一つの精神的な根底を問いかけた一冊の本にほかなりません。日本の女子教育、特にキリスト教的な精神を持った女子教育の根っこには、このメレー・ライヲン的なものがあったのです。その問いかけを全人的に受け止めた学校が、ミセス・ツルーによって一つとされた女子学院であったということが言えます。

メレー・ライヲンが問いかけ、ミセス・ツルーが引き受けた世界こそは、イエスの福音が身体に刺った棘となり、時代の風浪におびえることなく、高き志を持って明日を生きる精神の活力を可能にしたのではないでしょうか。この「高尚なる志」に思いを新たとなし、明日に向かい大きく飛翔したいものです。この「志」によせる眼こそは、日々の生活に埋没しがちの現在において、「私」の場を問い質すことを可能としましょう。教育が知識の授与だとみなされている昨今、メレー・ライヲンが教育によせた強き思いを現在あらためて問い質したいものです。そこには、「真理はあなたがたを自由にする」とのメッセージがたくされており、「真理」への眼こそが「私」の生きる場を確かなものとすることが示唆されているのではないでしょうか。『メレイライヲン一代記』は、古き本ですが、現在を生きる者にも示唆豊かな世界に誘う作品として、読み解きたいものです。

付　録（諸資料と年表）

Ⅰ「佳伝　メレイライヲン女史」（『女学雑誌』第一一五号〜一一八号掲載）

佳　伝

○米国女学校最初設立者　メレイ、ライヲン女史

マダムメインテノンの如き、ハンナモナ如き、エムマウイルラルドの如き、カゼリンビーチヤの如き、皆な女子教育に対して功績抜群の女学士なり。左れど此等に優さるとも更らに劣る所ろなき、其の一生の事業の清潔熱心なる、其の信仰の確固不抜なるは、蓋し女傑メレイライヲン女史にてあるべし吾人此の頃ろ其伝を読んで感激に禁へず茲に少さか大略を配して世上の女性諸君に示す若夫其の細密なる行状記の如きは他日再たび之を録するとあらんとす。

扨てライヲン女史は今を距る凡そ九十二年の昔し一千七百九十七年二月、米国西マツサチウセツ州内山岳起伏する片田舎の間だに生る。父アアロンライヲン氏は極めて善良の人にて近辺にても評判の正直者なりしが早く死して母、兄、及び女史の三人を遺す。母子はなはだ貧しく朝夕の暮らしも真に覚束なかりしが只だ相ひ助けてやうやうに生計するうち女史十三才の比ろ母は故あって再び或る家のに嫁しぬ。残るは其の兄と二人なり女史自から縫針ツムギ織物などして兄を助け又余暇あれば少しづつ学問を致し最と静かに最と貧しく最と慣れ気にも暮らし居たる所ろ、春又春を回して女史十八才の比ほひ兄は好縁あって某と云へる夫人を娶りぬ。左れば女史此の時よりタツタ一人の離れ者と成り果一週七十五銭の給料及び食物を給せられて或る家の子供の姆兼教師とは為りぬ女史素と小学校にて定まつたる僅かの学業を修めたるのみ其外にとては別に人より学びたる所なけれど彼の裁縫紡織の余暇にも常に時を余まして自から

勉学したれば此時先づ先づ人の教師と為り得べき程の資格をば既に得たりとは知らる。斯て姆と為り且つ教師と為り一週七十五銭の給料を受くる中より万事を節して少しづつ貯金し遂に若干の学資を得てければ之にて何処かの高等学校にて修行したしと思ひ起し遂にサンデルソンアカデミーと云へる学校に入りぬ。然し其の貯金の高もとより只だ僅かの事なれば凡そ右学校に於て一学期即はち三四ヶ月間の稽古を為す丈けの入費より外に遺す所ろなければ女史が執心も此の僅少なる日月の後ちに伸すべくあらず、左れば日夜非常の勉強にて其の進歩驚く斗りなれば同輩の男生は固より教師の面々も密かに驚嘆し居たる折から残念にも一学期は既に過たり、女史最早去らざる可らず愁然として窓より外を詠め囀た感慨に堪へず涙を飲んで笈を調ふるとき当校の議員来つて議員会の議決を伝え月謝金は以後之を免ずべきに付心をきなく卒業まで勉学せらるべしと云ふ。此時女史の喜び如何なりしならん蓋し一生中最大の喜びなりしとは女史が自から申し残したるの紀念なり然るに月謝金は此都合にて出で来にたれ衣食の料とすべきものの用意なければ又々端と当惑して大に心配したるがキと心を定めて或る下宿屋に至り自から所有する色々の物品は悉く之を売払い尚ほ其家に少々の手助けをして先づ先づ辛うじて此に下宿するの準備を為し扨て又た日夜を分たず勉学し夜は大抵四時間の外か眠らず（之は凡べての女生の倣ふべきことにあらず只だ丈夫なる女史にのみ行はれ得たることなり但し女史亦た早世の不幸を見たり）教師が嘗てアダムスの羅甸文法書を渡し其の所々を見て置かるべしと申したるに三日にして悉く之を暗誦したりと云へる程なり。

斯して辛うじて此の学校を卒業すれば女史の名すでに遠近に喧ましくなり所々より之を招いて教師と為さんとすれども女史は尚ほ修学の念厭き足らず後にはアムヘスト大学の校長と為りたるヒッチコック氏は其頃ろ既に有名有徳の学士なりければ此方に行て更に学を乞はんと欲するの折柄幸ひ其の令夫人が画を学びたしとの事に付き女史は之に応じて其の芸を教へ申し乍らヒッチコック氏に就て博物学を学び尚ほ独学に余念なかりけり而して其の学力は日に日に上

達するに拘はらず甚はだ謙遜にして絶へて驕れるの様なく嘗て或教師は女史の学才を聞いて特更らに羅甸文を認め之に送りたるに女史は之を返して何卒英文に直ほされたし妾が之を持てるを見て若しや余のお方々が妾を実際に出来る学力よりも多くお考へ の事などありては心苦しく候とは申したり。（未完）

（其二）

斯て二十四歳の時又々多少の金たまりたればバイフヒールドのエマソンと云へる人の所ろへ行て学びぬ此頃人々は女史の学力すでに非凡なるを見て最早や教を請はるべくもあらずと忠告したるほどなれども固より智識を求むるの念非常に止みがたければ遂に其許に行いて学びぬ当時同窓の書生が其母へ送りたる手紙の末に、

ライヲンは眞に好き性質にて多くの人々を愛すれども学に耽りて寸陰をも惜しみ僅かに手紙を認むることすら為し得ず候且つ吾々は日々寸々に進歩するとに候へども彼女は毎日智識を手一杯づつに取りて進歩驚くべき程に候。

と申し遣りたることありとか。女史の学業に熱心なる此計りなれど其頃ろアムヘスト、ハーバード、の如き大学校にてすら女生に給支金を与ふるの仕組なければ此の有意の女をして空しく学資の足らざるに困ましめたるぞ残念なる。左れば女史は困厄の間だに多少の金を貯へて之を以て学び学んでは智識を得て之を以て教へ教へ且つ金を得て亦之を以て学ぶが如き多忙至極の間だに終始一轍の如く学に進みたり而して其熱心は一日の如く絶へて失望落胆したることなしとは云へ又時としては其不幸を歎ぜざりしにもあらざるべし然れども女史元来左様に弱はき質にあらざれば奮然として毎度人々に教へ申されたるは、

凡そ人が其身の不幸を感じて嘆息するの時は即はち他人の利益を考ふるよりも多く己れが一身の利益を考へ居るの時なり若し他人の為に熱心に計る所あらば敢て憂鬱に沈むことなかるべし。

と云へり真とに立派なる覚悟と申すべし。

女史すでにエマソンに学びてよりは後ちサンデルソン校の教師と為り又デルリーに於て教しへ冬は其の故郷に帰つて師弟に教ゆ其間復た幾干の金を得たりと云へども此度は之を以て親戚の足らざるに補なひ若しくは貧家の女生の学に就きがたきものに与へて学問せしめ自身は自から紡むぎ且つ織つたる青き綿布の衣物を着て終始之を更ゆることなかりき。

三十歳の頃ろ学力才名すでに高く当時人々に尤も尊敬せられたれば之に縁談を申し入れたるも多かりし中に女史のつれあいとして愧かしからぬもありしなるべし然るに彼れ年来の一つの目的を立て之が為めに其の一生の幸福を犠牲にせんと決断したれば遂にすげなくも悉く之を謝絶して終身人に嫁せじとは定めぬ蓋し女史素より家族団欒の幸福を無みするにはあらず其の温愛の情切なりしによりては此の幸福を喜ぶの念も亦た一層に強かりしならんとは云へ当時女子教育の途未だ全く備はらず志ある女生も敢て学に就くの便を得ざるに苦しむと即はち女史自身の経歴の如くならんと思ひては断然此の幸福を棄て、自から大ひに勉むる所ろなかる可らずと決心し扨ては遂に此に至れりとは知らる。

（未完）

（其三）

ライヲン女史既でに女学校設立の大目的を立ててより何如にもして之を成就せんと日夜に熟慮したるが其比ろは女子教育の事未だ世人の注意する所ろと成らず斯様の事を申出せば反つて人々の笑を招くほどの有様ゆへ諸大学の校長に説いて女子部の設立を勧むるとも毫も之に同意せざりけり然れども女史は敢て失望せず凡そ二年間は之が為に頭脳を痛め之が為に熱心の涙を流し終始祈りして時々書斎内を漫に歩み乍ら、

ああ主に頼め主に頼め、主之を助けん女子教育されざる可らず女子教育されざる可らず

と独語したり又此頃ろ其母に送りたる手紙の末に、

私は教育なき女子を見る毎に恰かも骨の中に火を閉込められたる如くに感じ候

とは認たためたり、然るに其熱心いよいよ切に成りて最早や自分乍ら之を禁じがたく断然授業を止めてイプスウイッ

クの家毎に女学校設立の必要を説いて廻り其の資金を募りたり此時また其母に送りたる手紙の奥に

此の事は必ず主の御為めに相成るべきことと確信し又た必らず左様にてあらんよう熱望いたし候而して斯く遊説す

る間だに之迄になき程に主の御為め人の霊魂の為めに働くと思はれて甚はだ楽しく覚え候

此時は先づ一千弗の金を募集せんと決心して遊説したるが其熱心に感じて之を賛成し寄付を承知したるもの尠らず中

にも或る二人の貴女は一百弗づつを出さんと約したるに其后に至り右金の預り人不幸にも火災にあひければ彼の二人

は前約の達しがたきを憂ひ之れより共に手工して其金を取り之に寄付したりと云へり、中には斯く迄に熱心に賛成し

たる人のありければ凡そ二ヶ月にして一千弗を得たり此時母に申送りたる手紙の中に此時ほどに疲労したることなし

と認ため又此時ほどに彼のビーチヨル氏の名言を思出したることなしと云ひける蓋しビーチヨル氏の名言とは、

凡そ涙を垂るるの泣と骨を労するの疲れは未だ彼の涙を垂れざるの泣骨を労せざるの疲れに及ばず、

と申す言にて女史其頃の辛苦は実に之に相応したる数多の艱難ありしとなるべし。

一千弗の金既に出来たるに付直様彼のヒッチコック氏許に趣むき共にアムヘストの南十英里の處ろに行て学校の敷地

を選定す斯て尚ほ多くの反対者もありしが又追々に賛成家を得殊に或る有徳名望の宣教師らの募集の担当に任ずるに

至りしかば万事段々に成功し益々金を集めて遂に学校建築の事に着手し今は去る五十三年前即ち一千八百三十六年十

月三日マウント、ホリヨークに於て女子学校の敷石を置たり此時女史泣喜して曰く、

敷石を置ゆる其石、其の瓦、其の煉石灰、相集まつて余が霊魂を刺し通す所ろの一語を発したりと斯て一年間其の建築工事を監督して又云く、

妾もし千の生命あらば之が為めに犠牲とせん若し萬の金あらば之が為めに直ちに貧しくなるべしと而してマウントホリヨーク女学校遂に成る時に千八百三十七年今を去る五十四年成此に於て米国初めて一の女学校を一の婦人の手に依て成就したり

（其四）

マウントホリヨーク女学校成れり、女史之よりして専ぱら女生の教育に任じ年給わづかに二百弗を受けて校費を凡べての事に於て節倹し成るべく学費を少なくして事由に教育を施こさんとせらる最初入校生を募集したる数は八十人なりしに申込手一百十六人あり此后ち年々生徒を増加し女史独力之を教えられける。

然るに女史が教育の主旨は智徳の両つを兼ねたる高尚優雅の婦人を造るにあり故に其の女生を見る温たることは母よりも優しく然も其厳たることは多く見ざるほどに厳びし入校するものある毎に先づ之に教えて云く

君すでに此校に入り玉ふ上は宜しく万事に注意して只だ正しくあり玉ふべし若し此決心なくば寧ろ此処を去つて更らに小人数の学校に行き十分に行届きたる徳育を受け玉へ

と嘗て食事の際某と云へる女生の見へざりしかば何如なせしにやと問ふに傍輩の申すは左したる様にも伺はざりしが心地あしとて打伏し居られぬと云ふ女史則はち其食膳を携さへ三層楼の上に昇り行き彼の女生の寓する室に至つて聴けば内に誰とやらん笑ひさざめきて物語るが如し女史ホトホトと戸を叩き静かに入り其病を尋ね携へ来りし膳を与へて信切に給持し太たく之を慰さめて后ち復た見舞うべしとて出て行かる之れ頭上に熱つき炭火を積まれたるなり女生

早々に起上り褥を片付て下に降りける。
斯て女史は信切に、熱心に、清潔に多年一日の如く教育に従事せられたるが其五十歳の祝ひの比ろには校資七万弗も備はり総計二千人の女生は代る代る校を卒へて出で其中宣教師女教師等と為れりしも多く凡そ年ごとにレバイバル校内に起つて書生ことごとく宗教に熱心なりけるが、其比ろ或る友人へ送られたる書状の中に、
過る祝ひの日は一日祈祷沈思致し熟ら考へ候に一生の尤も忙はしき事業は略ぼ畢はり候が今後の五十年は抑も如何に成り行き申すべきか定めし此後ちの五十年には未だ知らぬ国に行て目を開らき候ふ折の可有之其国と今の身とを接すべき梯子は御座なく候へども其門は已でに開かれ妾は早や岸頭に立つの心地いたし遠からず其所に永く休み候はんと存じ待る云々
果して其の寿ちは長からざりけり、今を去る四十年前即はち一千八百四十九年二月二十九日永眠す年五十三、女史将に眠らんとするに先だち女生惣躰を集めて教へて云く、
汝等決して死を懼るる勿れ世上に於て只だ懼るべきは自己の義務を知らぬことを知つて之を行わぬことに在る也。
其骸を校地内つたかづらの生ひ茂る陰に葬むり女生一同朗吟して「妾等何故に去つたる人を悲む」の歌を唄ふ、墓石の銘に云く、
マウントホリヨーク女学校創立者兼て十二年間同校の校長たり凡そ三十五年女生を教育し三千有余人の教師と為り一千七百九十七年二月二十八日生れ一千八百四十九年三月五日死去したるメリーライヲン女史の墓。
而して今日に至ては同女学校すでに三棟の学舎、体操場、観測台、一万三千巻の書籍室、三十万弗の財産あり凡そ六千人の女生教育を受け其の四分の三即ち四千五百人は女教師と為り二百人は女宣教師と為れり、而して此校素と女史の正実なる熱心より起る。（完）

Ⅱ　桜井女学校教頭ツルー夫人講演「善良なる模範の価値」

（女学雑誌社第二回女学演説第四席筆記）

私が今日本姉妹の方々に向て演述する事あらんとするも既に皆様は前の弁士三人の面白き話を聴かれた後なれは私の話をお聴なさるべしとも思ひません。又何の話を致したらアナタ方を満足せしむるに足るべきか之を定むるに誠に困難で御座ります。

私は日本の姉妹方の地位を見ますするも大なる働を要しますることを知り又此働をして高尚の度に達せしむるには茲に彼の困難に逢て戦かはなければならぬ時と思ひます故に私は今此等の事に就て種々の模範となるべきことを申す積りですが其申しまする事が若しアナタ方のお勧めの一助ともならば誠に幸であります。

私は此にお集りになりました方々に向て一の問が頻りに起て参りました。即ち婦人各方の大なる目的は何かとの事です。尤も此事は位置を択で申すのではありません。私共は私共の位置アナタ方はアナタ方の位置で位置に於て異る所はありません。

欺様なる問に向て妻たるのお方は定めて対へられませう何事も不自由なく暮らしたいと。

然れ共私は一言此婦人方に向て注意を惹起したい。正しき働を為す所の誠に愛すべき賢き妻と為ることをお望みなさい。アナタ方は毎日誠と云へる総ての事より尊き一字を能くお考えなさい。又アナタ方は友達に交るに就ても小供等に能く教へてお置なさい。

アナタ方は子供達の勉強に能く気を附けて学校に於て真実の生徒となる様に御注意なさい。此に就て私は一寸申し置きますが母親の愛に因て其小供の如何なる小供かを知ることが出来ます。又其尊びの大小と云ふ者は母親の如何に大なる関係を有して居る者であるかを示すものでござります。窃に思ふに小供の着物抔につき其齢の如何に注意を怠る母親が世の中にはあると存します。又食物の良否抔にも注意を欠く母親がある。甚しきは其小供を以て己れの召使なりと思ふて居る母親が世には数多あると存じます。

若し又人の娘たる人があらばアナタ方は両親の家と声誉とを立派にする様になさい。又学校に入るならばアナタ方の模範となすべき者は何か又日々学課を勉強して進歩を早めることに注意なさい。

アナタ方は卒業した後は大なる仕事を為さうとしますか或は毎日宜しき事を為さんと思召されますか又問ひます諸君は熱心なる賢き重き女子となるが目的で御座いますか又総ての事をなすに深切なることを望で居られますか又諸君は御自分で力を尽し世に有益の業を起さうとしますか若し然りとせは我姉妹方よ我大なる誠の所にアナタ方は既に達して居るので御座いませう。

若し此の如き望を諸君が抱かれて居るならば我邦の人民の固より為すに難からぬ事で此高き点なからも望て達せられぬ事はありますまい。何所までも己れの力を奮て進まれんことを願ひます。

諸君が今迄に為したる事の中にて沢山の多くの強き敵に当りしことが御座いませう。其時は自分の心さへも戦争の巷となるで御座います。此際に当ては随分気高き人にても失望の余り事を誤ることは実に多い事であります。

故に望みばかり高くともいつも失敗の為に其操を替る様に至りますから真の力を養成することか肝要です。若も目的を達せんとするの途に横はる妨げがありましたならば誠の力を奮て楷子段をお登りなさい。必ず此大なる楷段を忘れてはなりません。

今の時勢にては婦人が活発の気象を修むるは必要てあります。花を活けたり琴を弾たり又奇麗なる着物を着けねばならぬ抔と謂は頗る活発に激しき事をなすには不適切で御座ります。

然しながら私の愛する姉妹方よ格別に諸君に申すが精神を能く磨き真に高尚なる志をお立てなさい。勿論宿所の様子を描き或は家の建方を描く抔は随分六ヶ敷が能き模範を置て我儘の心を棄てて日々之を為し行ふは恂に容易なるとの様でなかなか六ヶ敷事であります。

私は諸君が如何なる処置振りが宜しきかお尋ね申しませう。若もアナタ方が各国の歴史をお読みになれば直に解ることでありますが今古の婦人が達し得られたる点即ち模範を一々示してアナタ方は何れに似やうとなさるるか渾てアナタ方の採択に任せませう。

真に我儘にして無学なる女があります又小供の様な馬鹿らしき女もあります又容姿を華麗にして自ら喜ぶ所の女子もある又交際の上手なるを以て驕る女もある又智恵を磨くより安楽に世を送りたいとの怠惰なる女もあります又正しくして且つ臆病なる女もあります又智恵を開くより奇麗の着物を着た方が宜しいとの馬鹿らしき女もあります又無上に大胆なる女もあります又心の広く最も熱心なる女もあります又能く心を磨き公平の説を主張する婦人もある又メレ・ライヲンの申せし如く己の務を怠り己の為ゞる可らざる事をなさずして送るは尤も大なる苦痛とする婦人もありますアナタ方は此の数々の中に於て孰れを採り何れを模範とせされますかお尋ね申ます。（峯尾栄子口訳、佃龍雄筆記）

（『女学雑誌』第七二号、明治二〇年八月二〇日）

Ⅲ　マウント・ホリヨーク関連年表

世紀	年	摘　　要	日本
15	1492	コロンブス西インド諸島へ	足利時代
	1497	ジョン・カボット、アメリカ本土発見	
16	1502	コロンブス、中央アメリカ発見	
	1517	ルターの宗教改革	
	1536	カルヴァンの宗教改革	
	1595	オランダ人、喜望峰を廻り東インドへの航路へ	信長秀吉時代
17	1620	清教徒、北米プリマスに移住	江戸時代
	1638	ハーバード大学開設（米）	
	1649	チャールスⅠ世死刑（英）	
	1688	名誉革命（英）	
18	1776	7月4日　アメリカ独立宣言	
	1783	アメリカ独立戦争	
	1789	ワシントン、アメリカ大統領になる。佛革命	
	1796	ナポレオン、イタリヤ遠征	
	1797	2/28　生れる（Mary Lyon）	
19	1821	Troy	
	1823	Hartford　・シーボルト（独）長崎へ来る	
	1837	Mount Holyoke	
	1849	3/5　死ぬ（Mary Lyon）	
	1861	アメリカ南北戦争	
	1863	リンカーン奴隷廃止令布告	
	1865	Vasser	
	1868		明治時代
	1870	・A六番女学校、築地居留地で始まる	
	1875	Smith、Wellesley　・東京女子師範学校創立	
	1881	Spelman	
	1885	Bryn Maur	

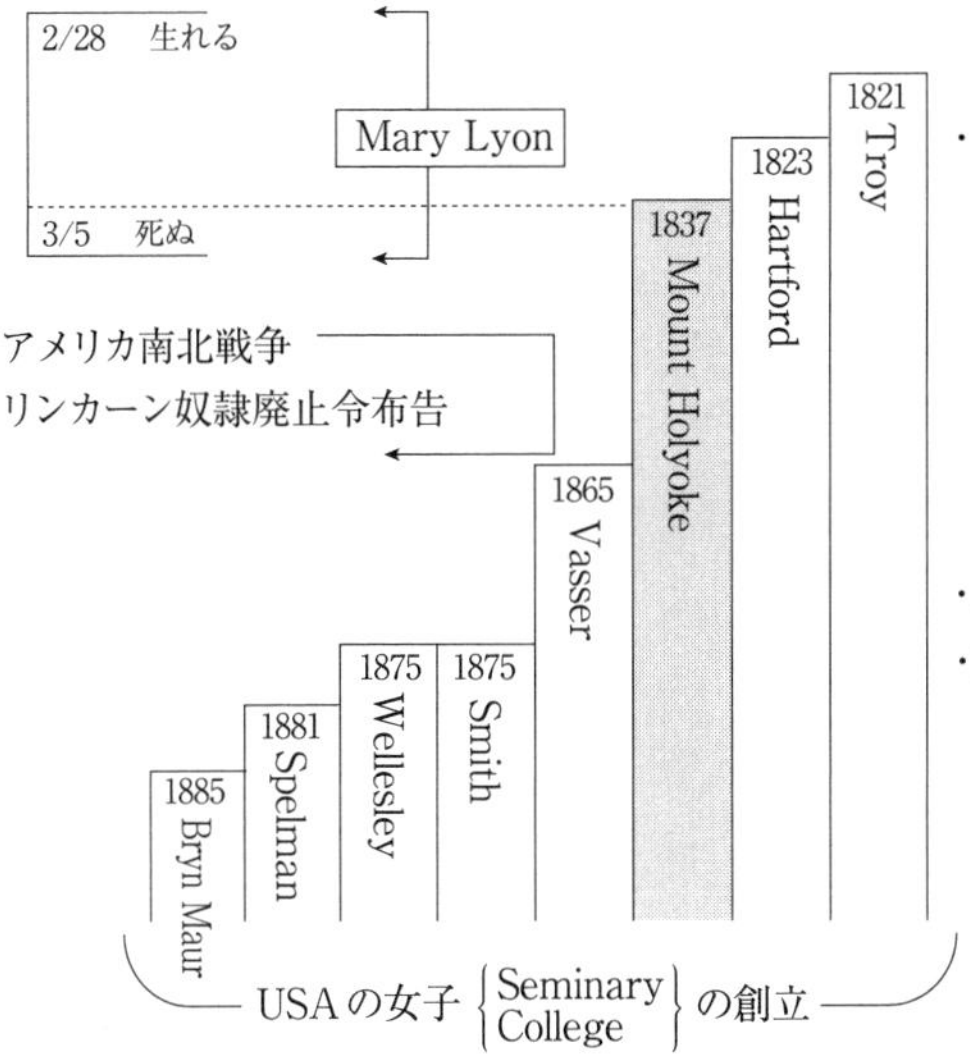

あとがき

ある時、私たち女子学院の卒業生数人が母校の歴史を学ぼうと集まり、明治以降のキリスト教女子教育の歩みを辿りはじめました。女子学院の歩みは百四十年を過ぎ、やがて百五十年となろうとしています。そうして勉強をしている中、『メレイライヲン一代記』の原本に接しました。

私が「メレイライオン」の名に初めて出会ったのは小学校五年生の時です。戦時中でした。授業の中で担任の先生が内村鑑三の『後世への最大遺物』という本を紹介され、黒板に「勇ましく高尚な生涯」と書き、さらにメレイライヲンの言葉（『一代記』一八ページ参照）を教えてくださいました。その時私は、西洋にはライヲンさんという名前の人がいるのだと、妙に感心したことを憶えています。

その『メレイライヲン一代記』ですが、開いてみると、日本文であるにもかかわらず簡単に読めません。変体仮名で綴られたこの印刷物を皆で読んでみようということになりました。そこにあったのは二百年以上も前のアメリカの女性の姿です。当時のヨーロッパはナポレオンが活躍した頃で、また彼女の死後十年余で北米には南北戦争が始まりました。私たちには想像もつかないその生きざま、生活です。しかしその中に、どのような世にあっても、人の生きるべき道が、柱となって述べられていると思いました。そしてこの本をより多くの人に紹介したいとの思いを強くしました。

本書は勉強会の仲間の方々全員の協働の産物です。私たちの思いが皆さまに伝わることを切に願っております。また、本書中の「『メレイライオン一代記』解題」を草するにあたっては筑波大学名誉教授の大濱徹也先生にご指導をいただきました。深くお礼申し上げます。

二〇一七年一二月

川上律子

（勉強会の仲間）

白戸道子・中谷真理子・川西薫・福田良子・間優子・二神桂子・川上律子・雨宮蓉子・鹿取淳子・天野喜代子・大森寿和子・杉村みどり・出﨑直子

メレイライイヲン一代記を読む

2017年12月5日発行

編著者　川上律子
　　　　杉村みどり
発行者　山脇由紀子
組　版　㈱富士デザイン
印　刷　モリモト印刷㈱
製　本　協栄製本㈱

発行所　東京都千代田区飯田橋4-4-8
（〒102-0072）東京中央ビル　㈱同成社
TEL　03-3239-1467　振替　00140-0-20618

ISBN978-4-88621-780-6　C1016